DER HEILIGE SEVERIN

RUDOLF ZINNHOBLER

DER HEILIGE SEVERIN

Sein Leben
und
seine Verehrung

Illustriert mit Bildern aus der Grafik-Sammlung
des Museums Quintana in Künzing

2., ergänzte Auflage
Museumsverein Künzing
Künzing 2002

VERLAG
Duschl

DER HEILIGE SEVERIN

Sein Leben und seine Verehrung

Umschlag:
Heiliger Severin. Nach einem Kupferstich von Jacob Custodi (erste Hälfte 17. Jh.).

ISBN 3-933047-71-4

Rickering 7 a, 94577 Winzer

Printet in Germany

INHALT

Vorwort

Eugippius, ein Mönch aus dem Kreis der Mönchsgemeinschaft um den hl. Severin, präsentiert bereits 30 Jahre nach dessen Tod in der VITA SEVERINI einen ungewöhnlichen Heiligen. Wie kein anderer Mann seiner Zeit in Ufernorikum und Rätien tritt Severin auf, gewinnt durch sein Handeln Kontur und Gesicht. Was als wunderbar aus seinem Leben überliefert wird, hat realistischen, historisch fassbaren Hintergrund. Für bloße legendäre Traditionen bleibt der Boden recht mager. St. Severin bietet so – ganz im Gegenteil zu anderen Heiligen seiner Zeit – kein Spalier für ein dichtes Geranke von Überlieferungen, die seine wahre, historisch konkrete, in seinem Wirken unvergessene Gestalt verzerren oder verbergen könnten. Die von uns noch immer fassbare Summe seines Lebens unter den verängstigten, ziellosen Menschen seiner Tage kann mit einem Wort, das ihm selber zugesprochen wird, zusammengefasst werden: „Gott hat mir den Auftrag erteilt, diesen Menschen in ihrer Not beizustehen."

Von diesem Beistand erzählen die Bilder und Skulpturen, die wir seit dem ausgehenden Mittelalter von Severin haben. Insbesondere die Grafiken der Barockzeit und noch des 19. Jahrhunderts bebildern, gestützt auf die Vita des Eugippius, das Tun des Heiligen. Allemal wird in diesen Bildern ein Severin sichtbar, der den Menschen in den Nöten ihrer Zeit beisteht. Er lebt bei den Menschen, weil er unter dem Anruf Gottes lebt: Gott und den Menschen nahe!

Auf diesem Hintergrund interpretieren die Bilder in dieser Ikonographie das Wirken des Gottesmannes. St. Severin bleibt dabei immer authentisch. Seine Gestalt und sein Wirken sind historisch so eindeutig wie das Land, für dessen Menschen er in Gottes Auftrag gegenwärtig war – und bleibt.

Darstellungen aus der Grafik-Sammlung des Museums Quintana in Künzing illustrieren auch das vorliegende Buch, das nun nach 20 Jahren neu aufgelegt wird. Möge es abermals eine gute Aufnahme finden und einen Beitrag zur noch besseren Kenntnis und zur noch größeren Verehrung des bedeutenden Heiligen leisten, dessen Botschaft heute so aktuell ist, wie sie es zu seiner Zeit war.

Passau, im August 2001

\+ Franz Eder

Franz X. Eder
Bischof em. von Passau

Vorwort des Verfassers

Dieses Buch erschien erstmals 1982 aus Anlass des 1500. Todestages des hl. Severin. Es ist seither vollständig vergriffen. Die Eröffnung eines Archäologiemuseums in Künzing, das sich auch mit der herausragenden Gestalt des Heiligen befasst, ließ den Wunsch nach einer Neuauflage aufkommen. In ihr soll der Text, der seinerzeit in vielen Rezensionen Anerkennung fand, unverändert wiedergegeben werden.

Völlig neu ist dagegen die Bebilderung, für die ausschließlich Darstellungen aus der Grafik-Sammlung des Museums Quintana in Künzing, um die sich Herr Werner Friedenberger große Verdienste erworben hat, verwendet werden. In einem Anhang werden diese Abbildungen näher erschlossen. Das Literaturverzeichnis wurde überprüft und von Frau Univ.-Prof. Dr. Renate Pillinger (Wien), der hierfür aufrichtig gedankt sei, bis in die unmittelbare Gegenwart heraufgeführt.

Die Zielsetzung der Publikation hat sich gegenüber der Erstauflage nicht geändert. Es geht darum, eine lesbare Biografie auf wissenschaftlicher Grundlage zu bieten, durch welche die bedeutende Persönlichkeit des Heiligen einer breiteren Leserschicht nahegebracht werden soll.

Die Quellen über das Leben und Wirken Severins, die in einem längeren Abschnitt vorgestellt werden, erlauben es, ein Bild des Heiligen nachzuzeichnen, wenn auch mit Beschränkung auf seine Jahre in Ufernorikum und Rätien II. Selbst da muss man Unschärfen im Detail hinnehmen, die Konturen treten jedoch markant hervor.

Aber nicht nur der Heilige ist wichtig, sondern auch sein Nachwirken. Severin war zwar nie so „populär" wie ein St. Wolfgang oder ein St. Leonhard; er blieb eher ein Heiliger für eine Elite. Trotzdem kann festgestellt werden, dass der Strom der Verehrung, mag er auch zeitweilig recht dünn geflossen sein, nie völlig versiegt ist. Die hier einbezogene Verehrungsgeschichte, die einen wesentlichen Teil des Buches ausmacht, stellt m. E. einen echten Forschungsbeitrag dar.

Dass die Severinverehrung seit dem Jubiläumsjahr 1982 sowie der großen Ausstellung in Enns zum Thema „Severin zwischen Römerzeit und Völkerwanderung" deutlich zugenommen hat, sei hier mit Genugtuung angemerkt. Beispielhaft seien erwähnt: die häufigere Verwendung des Namens als Tauf- und Ordensname, die Umbenennung des Katholischen Akademikerverbandes der Diözese Linz in Forum St. Severin (1999), die Darstellung des Heiligen in der Kunst (z. B. auf einem 1998 geschaffenen Kirchentor in Tulln-St. Severin), die umfangreichen Aktivitäten der Severingemeinschaft in Wien-Heiligenstadt und nicht zuletzt die Präsentation des Heiligen und seines Wirkens im Archäologiemuseum Künzing.

Abschließend danke ich vor allem dem Vorsitzenden des Museumsvereins Künzing, Herrn Werner Friedenberger, für seine Initiativen, die auch zur Neuausgabe dieses Werkes geführt haben.

Künzing, am 8. Januar 2002,
dem 1520. Todestag des hl. Severin

Rudolf Zinnhobler

Die Quellen

1. Die „Vita Severini"

Die Hauptquelle für das Leben des hl. Severin ist die „Vita Severini" des Eugippius, eines Abtes des Klosters Lucullanum bei Neapel. Das Buch wurde, wie sich aus einem Schreiben des Verfassers an den Diakon Paschasius ergibt, um das Jahr 511 abgefasst. In ihm wird erwähnt, dass der Autor „vor ungefähr zwei Jahren, nämlich unter dem Konsulat des Importunus" von einem Schriftsteller, einem Laien, ersucht worden war, eine Materialsammlung über den hl. Severin zu erstellen. Da das Konsulat des Importunus in das Jahr 509 fällt, muss Eugippius sein Werk um 511 abgeschlossen haben. Die Übersendung an Paschasius erfolgte in der angeblichen Absicht, von diesem eine Überarbeitung für die Veröffentlichung zu erbitten. Wir werden darauf noch zurückkommen.

Severin starb bekanntlich am 8. Jänner 482; seine Biographie wurde also weniger als 30 Jahre nach seinem Tod geschrieben. Das ist kein sehr langer Zeitraum. Eugippius standen noch zahlreiche Augenzeugen zur Verfügung. Er sagt selbst, dass er sein Buch „aufgrund der uns bestens bekannten täglichen Erzählungen der älteren Generation" niederschrieb. Beim Abzug der Romanen aus der Provinz Norikum im Jahre 488 hatten auch die Mönche des Severinklosters Favianis das Land verlassen. Über Umwege kamen sie schließlich nach Lucullanum. Sie nun waren die Gewährsleute für Eugippius. Für das Kerzenwunder in Cucullis/Kuchl beruft er sich z. B. ausdrücklich auf Marcianus, „der später unser Presbyter (Abt) wurde", und auf den Pförtner Maternus. Das spricht auch für die subjektive Glaubwürdigkeit des Eugippius.

Möglicherweise konnte Eugippius auch schriftliche Aufzeichnungen der Severinmönche benützen. In Kap. 37 der „Vita" wird jedenfalls ausdrücklich erwähnt, dass sich die Mönche die Worte des Meisters notierten.

Persönlich hat der Verfasser der „Vita" Severin wohl erst in der Endphase seines Wirkens kennengelernt. Ein – freilich nicht unwidersprochener – Hinweis auf seine persönliche Bekanntschaft mit dem Meister ist die Schilderung des Sterbens Severins. Während der Schreiber sonst seinen Bericht auf die Mitteilungen anderer gründet, die er als die „Unsrigen" (Mönche seiner Gemeinschaft) bezeichnet, bezieht er sich hier in das Geschehen ein, was durch einen sprachlichen Wechsel auf „nobis" (uns) zum Ausdruck kommt. Die Stelle sei wörtlich zitiert: „Dann streckte er (Severin) die Hand aus, machte über den ganzen Körper das Zeichen des Kreuzes und befahl ihnen, einen Psalm zu singen. Als sie im Übermaß ihrer Trauer etwas zögerten, stimmte er selbst den Psalm an: Lobet den Herrn in seinen Heiligtümern, ... ein jeglicher Geist lobe den Herrn. Und bei diesem Vers, auf den wir kaum geantwortet hatten, entschlief er im Herrn am 8. Jänner." Dieses „wir" ist zumindest die Lesart der meisten Handschriften.

Der auffällige Sprung von „sie" (die Severinmönche) auf „wir" könnte Ausdruck für eine Anwesenheit des Eugippius beim Sterben Severins sein, zumal die Erzählung dieses Geschehnisses besonders lebensnah wirkt.

Dass Eugippius Severin persönlich gekannt hat, legt aber auch das Schreiben des Paschasius an den Hagiographen nahe. Paschasius weist die von ihm erbetene Überarbeitung u. a. auch mit der Begründung zurück: „Anders erzählt man nämlich nach dem Hörensagen, anders holt man selbst Erlebtes aus der Erinnerung hervor." Und er fügt hinzu: „Leichter werden die Tugenden der Lehrer von ihren Schülern aufgezeigt, weil beim Umgang mit den Lehrenden diese Tugenden sich häufig offenbaren."

Hier setzt doch Paschasius ganz offensichtlich voraus, dass zwischen Severin und Eugippius ein

Lehrer-Schüler-Verhältnis bestand. Wenn das so ist, so gewinnen die Aussagen des Eugippius noch an Gewicht.

Dass Eugippius mit dem Meister erst kurz vor dessen Sterben bekannt wurde, legt der Bericht über Severins Voraussage seines bevorstehenden Todes nahe. Diese Prophetie ist nach Eugippius „zwei oder mehr Jahre vorher" erfolgt, kann also vom Schreiber der „Vita" nicht genau datiert werden.

Die präzisen Ortskenntnisse der „Vita", die in den meisten Fällen allerdings auch auf die Berichterstatter zurückgehen können, schließen eine Anwesenheit des Eugippius in Norikum zumindest nicht aus.

Am ehesten befriedigt die Annahme, dass Eugippius der Mönchsgemeinschaft Severins in Favianis kurz vor dem Tod des Meisters beigetreten ist. Später, nach der Übersiedlung nach Lucullanum, wurde ihm selbst die Würde des Abtes zuteil.

Eugippius war ein nicht unbedeutender Schriftsteller. Die „Vita" zeugt von sprachlichem Können; die Komposition ist durchdacht und kunstvoll. Wir kennen Eugippius auch als den Kompilator einer Blütenlese aus Augustinus und als den Verfasser einer Mönchsregel. Überdies stand er mit hochangesehenen Autoren seiner Zeit in Verbindung: wie Dionysius Exiguus, Fulgentius von Ruspe und Cassiodor. Dieser sagt an einer Stelle über Eugippius, „man müsse seine Werke gelesen haben" (Inst. XXII: „presbyteri Eugippii opera legere debeatis").

Zu diesem Befund steht es nur scheinbar in Widerspruch, dass Eugippius die „Vita" zur Überarbeitung an Paschasius sendet. Der Brief, mit dem er dies tut, ist so eng auf sein Werk bezogen, dass er mit ihm eine Einheit bildet. Er war offenbar von vornherein zur Mitveröffentlichung bestimmt. Sehr treffend wird er in mehreren Handschriften mit „prologus" überschrieben. Er stellt inhaltlich so etwas wie eine Demutsfloskel dar. Indem der Verfasser betont, wie unvollkommen sein Werk sei und wie sehr es der Verbesserung durch einen anderen bedürfe, ja dass es eigentlich nur das Baumaterial für ein Haus darstelle, das erst gebaut werden müsse, will er seine Bescheidenheit zum Ausdruck bringen. Das schließt nicht aus, dass er das Buch tatsächlich einer gewissen Kontrolle durch einen bedeutenden Schriftsteller unterwerfen wollte. Die Antwort des Paschasius war aber wohl von vornherein einkalkuliert und fiel auch ganz so aus, wie es sich Eugippius vorgestellt haben mag. Da ist davon die Rede, dass dem Werk die „Redegewandtheit erfahrener Leute" nichts hinzufügen könne, dass es dabei aber trotzdem „einfach" und „leicht fasslich" und daher als Lektüre für die gesamte Kirche geeignet sei. Verständlich, dass diese Korrespondenz den meisten Handschriften beigefügt wurde.

2. Der Umgang mit der „Vita"

Es war die Absicht des Eugippius, durch sein Buch dafür zu sorgen, dass „die vom heiligen Severin mit Gottes Hilfe vollbrachten großen Wundertaten nicht verborgen bleiben sollten". Das äußert er in seinem Brief, und Paschasius greift es in seinem Antwortschreiben auf, wenn er sagt, das Werk sei geeignet, Severins Wundertaten „der Nachwelt zum immerwährenden Andenken" zu überliefern und so einen Beitrag zur Kenntnis der Taten der Heiligen zu leisten, wodurch „die Sinnesart der Guten veredelt" würde.

Diese Intention darf man bei der Lektüre der „Vita" nicht außer acht lassen. Eugippius wollte in erster Linie nicht Geschichte schreiben, sondern eine Heiligengeschichte; wir könnten auch sagen, ihm ging es um Heilsgeschichte. Hierbei folgte er dem damals üblichen „genus literarium". Das ist bei der Interpretation des Buches zu berücksichtigen. Die in der biblischen Exegese und in der Literaturwissenschaft längst übliche formgeschichtliche Methode wurde durch *F. Lotter* kürzlich auch in die Severin-Forschung eingebracht.

Eugippius berichtet auch viele Wunder. Er beruft sich, wie schon erwähnt, auf die „uns wohlbekannten täglichen Erzählungen der älteren Generation". Nun mögen sich schon den Gewährsleuten des Severin viele von den erstaunlichen Leistungen ihres Meisters unter dem Aspekt des Wunderbaren dargestellt haben. Jedenfalls hatten sie bei ihrer Aufzeichnung bereits einen Prozess einer „Umformung und Stilisierung nach biblischen und hagiographischen Mustern" (Lotter) durchgemacht. Unter heilsgeschichtlicher Perspektive wurden anscheinend viele Taten Severins unter Überspringung der Primärursachen unmittelbar mit Gott in Beziehung gebracht. So schildert Eugippius z. B. als Prophetie, was vielleicht Ergebnis eines gut ausgebauten Nachrichtennetzes war und als Wunder, was Fleiß, Umsicht und gute Organisation zuwege gebracht hatten, wie etwa die Beschaffung von Olivenöl aus Italien für die hungernde Bevölkerung von Lauriacum/Lorch. Verweilen wir etwas näher bei diesem Ereignis.

Damals war, wie Eugippius ausdrücklich bemerkt, „die Anlieferung von Öl den Kaufleuten nur mehr unter größten Schwierigkeiten möglich", und „diese nahrhafte Flüssigkeit war recht kostbar". Dass Severin trotzdem noch ein Kontingent aufbringen konnte, grenzte an ein Wunder. Die Hilfsbedürftigen versammelten sich in „una basilica". Die Zahl der Erschienenen war sehr groß. Severin segnete das eingelangte Öl und teilte aus. Man wunderte sich, dass es für so viele reichte. Erst als einer der Anwesenden seiner Verwunderung in Worten Ausdruck verlieh, versiegte das Öl.

Mit dieser mirakulösen Erklärung wird zum Ausdruck gebracht, dass trotz guter Organisation und kluger Rationierung das Öl eben doch nicht für alle langte.

Diese Stelle läßt die Eigenart einer „Heiligenvita", die nicht bloße Faktengeschichte sein will, recht gut erkennen. Um die Allursächlichkeit Gottes zu betonen, werden tatsächliche Ereignisse „hagiologisch verfremdet". Der in der damaligen Lage an sich schon wunderbar wirkende Vorgang der Ölbeschaffung wird von Eugippius nach biblischen Mustern tradiert, auf die er übrigens selber verweist. Er erinnert an das Vorbild Christi (Brotvermehrung?) und an dasjenige des Propheten Elisäus (Ölwunder bei der Witwe von Sarepta). Was Severin getan hat, wird also in neu- bzw. alttestamentlichem Kleide berichtet. Was zugrunde liegt, das ist die große Leistung des Heiligen, der in karitativer Hinsicht so sehr für seine Bevölkerung da war, dass er ihr auch in fast ausweglosen Situationen immer wieder neue Quellen erschloss, sodass man den Eindruck hatte, sie würden nie versiegen. Der Vorgang dieser „Verfremdung" muss dem Erzähler oder Schreiber des Heiligenlebens übrigens nicht immer bewusst sein, sondern kann aufgrund einer von seiner Frömmigkeit gesteuerten Automatik erfolgen. Die formgeschichtliche Methode ist zwar nicht immer so leicht anwendbar wie beim Lorcher Ölwunder. Aber schon wenn sie ein entsprechendes Problembewusstsein schafft, wird man die „Vita" anders als bisher lesen und auswerten können.

Schon vielen (*Baldermann, Sommerlad, Winter, Lotter* u. a.) ist es aufgefallen, wie sehr z. B. Wunderheilungen der „Vita" neutestamentlichen Begebenheiten ähneln. Es ist also damit zu rechnen, dass aufsehenerregende Ereignisse im Verlauf des wiederholten Erzählens biblischen Wunderberichten angepasst wurden. Wie stark die Tendenz zu diesen Stilisierungen nach vorgegebenen Modellen war, lassen auch manche Widersprüche in der „Vita" erkennen. So wird z. B. der 488 erfolgte (teilweise) Abzug der Romanen gleich mehrmals in die Prophetie Severins eingekleidet, die Rückkehr nach „Italia" werde erfolgen wie der Auszug der Israeliten aus Ägypten, dem Land der Knechtschaft. Das tatsächliche Ereignis, das ja

Eugippius vermutlich selbst erlebte, wird immer noch unter diesem Bild als Akt der Befreiung geschildert, wird aber – historisch richtig – gleichzeitig auch als Resultat eines Befehles Odoakers hingestellt, der seinen Bruder Hunwulf mit einem starken Heer nach Ufernorikum geschickt und mit der Durchführung beauftragt hatte. Den Severinmönchen muss dann zusätzlich noch der Presbyter Lucillus anschaffen, auch sie sollten sich „zur Auswanderung rüsten"; außerdem muss noch der Graf Pierius „drängen". Eugippius hat wohl unter dem Systemzwang der literarischen Gattung diese Widersprüchlichkeiten gar nicht gemerkt.

Mit Umformungen des Erzählguts, sei es durch Eugippius, sei es durch seine Gewährsleute, ist in der angegebenen Art und Weise ständig zu rechnen. Das darf man bei der kritischen Lektüre der „Vita" nicht vergessen.

Das Gesagte bedeutet aber z. B. keine grundsätzliche Leugnung der Möglichkeit von Wundern. Auch die „Vita" mag wunderbare Ereignisse im strengen Sinne des Wortes enthalten. Als Historiker muss man jedoch so lange versuchen, durch die überlieferte Form auf die geschichtlichen Ereignisse vorzustoßen, als dies überhaupt nur möglich ist. Das sprachliche Kleid der Berichte behält aber auf jeden Fall seinen Sinn, ja entspricht dem Anliegen des Eugippius sogar besser als ein nüchterner Faktenbericht, will er doch aufzeigen, dass auch die größten menschlichen Leistungen ihren Urgrund in Gott haben.

Die Tatsache, dass Eugippius auf weite Strecken vorgeformtes Erzählgut einfach in sein Werk aufnahm, erklärt auch manche Dubletten, d. h. die mehrfache Überlieferung ein und desselben Ereignisses mit Vertauschung konkreter Details. Dem Schreiber der „Vita" werden diese Verdoppelungen nicht als solche aufgefallen sein. Ich verweise z. B. auf den Bericht über den Klosterbau in Passau (Batavis; Kap. 19) bzw. Passau-Innstadt (Boiotro; Kap. 22). Die zwei Erzählungen entsprechen einander so stark, dass sie sich wohl auf den gleichen Vorgang beziehen. In diesem Fall könnte die geographische Nähe der zwei Orte die Verwechslung erklären, die offenbar einem der Gewährsleute passiert ist.

Unbeschwert wird man sich den Aussagen der „Vita" vor allem dann anvertrauen dürfen, wenn es sich um tendenzneutrale Angaben handelt, z. B. um die Existenz namentlich genannter Personen und Orte, Berichte über das Eindringen verschiedener germanischer Stämme in Norikum, Mitteilungen, die die Organisationsstrukturen oder das kirchliche Leben betreffen, u. ä. In solchen Fällen bestand ja keinerlei Anlass für eine Verfremdung des Erzählguts. Viele dieser Berichte lassen sich außerdem durch die Archäologie oder die Ergebnisse der Profangeschichte überprüfen.

3. Andere schriftliche Quellen

Der Hinweis auf die „Vita Antonii" des Magnus Felix Ennodius (473 bis 521), des späteren Bischofs von Pavia, ist im Zusammenhang mit Severin nicht neu. Aber erst *F. Lotter* hat das Buch in dieser Hinsicht konsequent ausgewertet.

Antonius von Lérins wurde nach Ennodius in der pannonischen Stadt „Valeria" geboren, verlor mit acht Jahren seinen Vater und kam daraufhin in die Obhut Severins, eines „inlustrissimus vir", also eines Mannes von hohem Rang. Nach Severins Tod wurde Antonius seinem Onkel Constantius, dem Bischof von Lorch, zur Erziehung übergeben.

Lotter hat zusätzlich einen Brief des Apollinaris Sidonius, in dem ein Konsul „Flavius Severinus" erwähnt wird, auf unseren Severin bezogen, was die Fachwelt jedoch zumeist abgelehnt hat.

4. Die Archäologie

Eine der wichtigsten Hilfsquellen zur Interpretation bzw. Bestätigung der „Vita" ist die Archäologie geworden. Gerade sie hat in jüngster Zeit sensationelle Ergebnisse erzielt, die viele der Angaben in dem Buch des Eugippius überprüfbar machen. Ohne näher darauf einzugehen, erwähne ich die Grabungen in Cucullis/Kuchl, Juvao/Salzburg, Batavis/Passau (Niedernburg), Boiotro/Passau-Innstadt, Lauriacum/Lorch, Favianis/Mautern (?), Comagenis/Tulln und Wien-Heiligenstadt.

Wie sehr die Ergebnisse der Archäologie und der Bericht des Eugippius ineinanderspielen können, sei an einem Beispiel aufgezeigt.

In der Vita kommt ein „Ort Boiotro jenseits des Inn" vor, wo Severin ein kleines Klösterchen (cellula) für ein paar Mönche errichtet hatte. Auch eine „basilica" wird erwähnt, für die damals Reliquien Johannes des Täufers besorgt werden sollten. Nun kannte schon die bisherige Forschung ein Kastell „Boiodurum" bei Passau, und es lag nahe, dieses mit dem oben genannten „Boiotro" zu identifizieren. Außerdem brachte die Tradition die Friedhofkirche in Passau-Innstadt schon wegen ihres Patroziniums St. Severin mit der in der Vita erwähnten Basilika in Verbindung. Doch diese Rechnung ging nicht recht auf, denn einerseits war Boiodurum zur Zeit Severins bereits aufgegeben, andererseits war die Severinkirche zu weit von diesem Kastell entfernt, um der Berichterstattung des Eugippius zu entsprechen. Außerdem hatten die in dem Gotteshaus 1928/29 durchgeführten sorgfältigen Grabungen *H. Hörmanns* ein negatives Resultat erbracht und das älteste Mauerwerk erst dem 10./11. Jh. zuweisen können.

Vor wenigen Jahren konnte nun das Rätsel gelöst werden, Vita und Tradition wurden glänzend bestätigt! Durch Zufall stieß man 1974 bei Bauarbeiten nur 150 m von der Severinkirche entfernt auf die Fundamente eines Kastells, das hier (nach der Aufgabe von Boiodurum um die Mitte des 3. Jahrhunderts) errichtet wurde; dieses aber war nachweislich noch zur Zeit Severins in Verwendung, kann also ohne Bedenken mit dem Boiotro der Vita gleichgesetzt werden.

Fast zur selben Zeit konnte auch die Severinkirche nochmals archäologisch untersucht werden, wozu der Einbau einer Kirchenheizung Gelegenheit bot. Diesmal gelang die Sondierung römischen Mauerwerks, was sogar eine relativ verlässliche Rekonstruierung des Grundrisses ermöglichte. Genau dort, wo sich der Mittelpunkt der neuentdeckten Kirchenapsis befindet, ist ein Reliquiar aus Kalkstein zu situieren, das Hörmann 1928/29 fand, aber für relativ jung hielt. Auch wenn der Behälter inzwischen verschollen ist, muss man ihn aufgrund seiner Lage mit dem Altar der ersten Kirche in Beziehung bringen und darf sich in diesem Zusammenhang nochmals an die Stelle der Vita erinnern, die von den Johannesreliquien handelt, auch wenn diese unmittelbar darauf mit Favianis in Verbindung gebracht werden.

Die Kette der Indizien ist damit geschlossen. Für die Interpretation der Vita darf man daraus einen methodischen Grundsatz ableiten, auf den wir schon einmal verwiesen haben: Man wird dem Werk des Eugippius überall dort, wo es tendenzneutrale Mitteilungen bringt, ohne Bedenken folgen dürfen, sofern nicht ein direkter Gegenbeweis vorliegt.

Ufernorikum zur Zeit des hl. Severin

Die Wirksamkeit Severins beschränkte sich keineswegs auf die Provinz Ufernorikum. Da er aus dem Osten kam, musste er durch *pannonisches* Gebiet; das 1. Kapitel der „Vita Severini" vermerkt ausdrücklich, dass er sich an die Provinzgrenze begab (de partibus Orientis adveniens in vicinia Norici Ripensis et Pannoniorum). Den Kontakt mit *Binnennorikum* hielt der Heilige, wie wir sehen werden, während seiner Tätigkeit im Donauraum durch Boten und Briefe aufrecht. Persönlich weilte er gelegentlich auch in Quintanis/Künzing und Batavis/Passau, also in *Rätien*.

Der Schwerpunkt von Severins Wirken liegt jedoch eindeutig im Bereich *Ufernorikums*. Das rechtfertigt unsere Überschrift, auch wenn wir uns nicht sklavisch auf die genannte Provinz beschränken.

Um die Situation Ufernorikums zur Zeit des hl. Severin verstehen zu können, müssen wir etwas weiter ausholen.

Während Rätien im Jahre 15 v. Chr. in hartem Ringen durch Rom erobert worden war, scheint das östlich angrenzende keltische Königreich Norikum auf dem Vertragsweg und ohne größere Konflikte dem Imperium angeschlossen worden zu sein.

Der Großteil des heutigen Österreich lag im Bereich Norikums, nämlich „das östliche Nordtirol, Osttirol, Kärnten, Steiermark, Salzburg, Oberösterreich südlich der Donau und Niederösterreich südlich der Donau sowie westlich des Wienerwaldes" (*A. Betz*). Aber auch Gebiete, die heute nicht zu Österreich gehören, waren einbezogen, und zwar zwischen Inn und Salzach (Chiemgau), westlich von Aguntum (Pustertal) und um Celeia (Cilli).

Die Bindung Norikums an Rom wurde noch intensiviert, als um die Mitte des 1. Jahrhunderts unter Kaiser Claudius (41 – 54) eine Änderung des Rechtsstatus erfolgte: nun wurde das einstige Königreich zur römischen Provinz Norikum mit einem Statthalter (procurator) an der Spitze. Dieser vereinigte „die oberste militärische, zivile und richterliche Gewalt" in seiner Hand *(Betz)*.

Ein gutes und relativ dichtes Straßennetz, das auch die Verbindung mit den Nachbarprovinzen gewährleistete und einen lebhaften Handel erlaubte, erschloss die Provinz. Die heimischen Waren bezog man von den germanischen Nachbarn, Genussmittel und Luxusgüter hingegen aus dem Süden.

Die Römer, die sich neben der heimischen Bevölkerung niedergelassen hatten, bevorzugten die städtische Kultur. So bauten sie keltische „oppida" nach italischen Mustern zu anspruchsvollen Siedlungen aus. Anscheinend erhob schon Kaiser Claudius (41 – 54) Aguntum (bei Lienz), Teurnia (St. Peter in Holz bei Spittal an der Drau), Virunum (auf dem Zollfeld) und Juvavum (Salzburg) zu Städten. Es folgten: Flavia Solva (bei Leibnitz) unter den flavischen Kaisern (69 – 96), Cetium (St. Pölten) und Ovilava (Wels) unter Hadrian (117 – 138), schließlich noch Lauriacum (Lorch) unter Caracalla (211 – 217).

Ovilava und Cetium hatten den Rang von Munizipalstädten, d. h. von Stadtbezirken mit einem ausgedehnten Hinterland. Sie waren durch den mit einer Holzbrücke übersetzten Ennsfluss voneinander getrennt.

Jede Stadt hatte einen rechteckigen Marktplatz (Forum), der von den öffentlichen Gebäuden umgeben war. Daran schloss sich in rechteckigen Baublöcken die durch gerade Straßenzüge gegliederte Wohnsiedlung.

Norikum war Grenzland. Im Norden boten der Donaufluss und ausgedehnte Waldungen beschränkten Schutz. Der Ausbau eines Grenzwalls, des sogenannten „limes“, erfolgte nach und nach entlang des Stromes, vor allem unter den flavischen Kaisern. Damals wurden im norischen Abschnitt des Limes wohl mehr oder minder gleichzeitig die Auxiliarlager von Linz, Mautern, Traismauer, Zwentendorf, Tulln und Zeiselmauer errichtet, zunächst als Holz-Erde-Lager, die erst später in Steinkastelle verwandelt und dann meist noch mehrfach umgebaut wurden (*G. Winkler*).

Lauriacum/Lorch, das zur Zeit des hl. Severin eine so große Rolle spielen sollte, begann als bescheidene Zivilsiedlung. Es gewann an Bedeutung, als sich die Völker im Norden zum Angriff auf das Römische Reich rüsteten. Die Markomannen, Quaden und für „Oberösterreich“ besonders auch die Naristen waren zu einer so großen Gefahr geworden, dass Kaiser Mark Aurel (166 – 180) persönlich die Grenzwehr übernahm. Es gelang ihm noch einmal, erfolgreich Widerstand zu leisten. Schon dachte er an die Errichtung einer römischen Provinz „Marcomannia“, als er im März 180 in Vindobona starb. Zum Schutz der Grenze war die Legio II an die Donau verlegt worden. Nach vorübergehender Stationierung in Albing (östlich von Enns) diente ihr Lauriacum, das unter Kaiser Commodus (180 – 192) zur Lagerfestung ausgebaut wurde, als Garnison. Der Kaiser schloss mit den Germanen Frieden.

Die Stadterhebung von Lauriacum erfolgte, wie schon gesagt, unter Caracalla (211 – 217). Fragmente der bronzenen Erhebungsurkunde von 212 haben sich erhalten.

Die meisten der Behörden wurden damals aus der Provinzhauptstadt Virunum nach Ovilava (Wels), das in den Rang einer „colonia“ aufrückte, verlegt; der Legionskommandant von Lauriacum (Lorch) aber fungierte gewissermaßen als Statthalter von Norikum (legatus Augusti pro praetore provinciae Norici).

Der Friedensschluss mit den Germanen hielt nicht lange. Es folgten u. a. in immer neuen Wellen Einfälle der Alemannen aus dem Westen, die seit 213 den Limes bedrohten. Erst Diokletian (284 – 305) gelang die Abwehr. Nach dem Prinzip des „divide et impera“ (teile und herrsche) ging er, um so das Reich besser in den Griff zu bekommen, an die Teilung von Provinzen sowie deren Zusammenfassung in größere Verwaltungseinheiten (Diözesen und Präfekturen). Rätien zerfiel nun in Raetia prima (westlich) und secunda (östlich), Norikum in Noricum ripense (Ufernorikum, zwischen Donau und Alpenhauptkamm) und mediterraneum (Binnennorikum, südlich dieser Linie), Oberpannonien in Pannonia prima (nördlich) und in Savia (südlich). Die Zivilverwaltung, die ein „praeses“ wahrnahm, und das Militärkommando, das einem „dux“ anvertraut wurde, waren nun streng voneinander getrennt. Hauptstadt von Ufernorikum war Ovilava (Wels), für Binnennorikum blieb dies Virunum.

Als Folge der Neuorganisation konnten sich die Donauprovinzen noch einmal etwas erholen. Auf die Dauer gelang es aber nicht mehr, das Reich vor dem drohenden Zusammenbruch zu bewahren.

Seit dem Ausgang des 4. Jahrhunderts gerieten zahlreiche germanische Völkerschaften im Norden und Osten Europas in Bewegung. Der auslösende Faktor war der Hunneneinfall in Südrussland (Krim) um 375, durch den das dortige Reich der Ostgoten zerstört wurde. Das löste jene Kettenreaktion aus, die die Geschichtsbücher als Völkerwanderung bezeichnen; sie sollte schließlich zum Untergang des Weströmischen Reiches führen.

Der Zeitgenosse Ammianus Marcellinus beschreibt den Einbruch der Hunnen in Europa als „eine vom Berg niederdonnernde, stets mächtiger werdende und sich immer mehr beschleunigende Lawine“, die Hunnen aber als „missgestaltete, schmutzige Wilde“. Das ist zwar ein Feindbild, gibt aber den Schrecken gut wieder, den das Erscheinen dieses Volkes hervorrief; außerdem verfährt der Geschichtsschreiber auch mit seinen römischen Zeitgenossen recht kritisch. Er hielt die damaligen Krieger für „zu weichlich, um einen Kriegsgesang anzustimmen".

Zu Beginn des 5. Jahrhunderts ist eine zweite Angriffswelle der Hunnen zu verzeichnen. Die vor ihnen fliehenden Völker suchten Aufnahme im Weströmischen Reich, teils durch Abschluss von Bündnisverträgen (Föderaten), teils durch kriegerische Landnahme.

Zur Zeit des Großfürsten Bleda hatte das Hunnenreich seine größte Ausdehnung: von Mittelasien und vom Kaukasus bis zur unteren Donau und zum Rhein. Bledas Bruder Attila (445 – 453) ist der bekannteste Hunnenherrscher. Seine Einfälle in Gallien und Italien fegten auch über Norikum hinweg, scheinen hier aber nicht allzuviel Schaden angerichtet zu haben. Attila stützte seine Macht u. a. auch auf germanische Verbündete, wie die Skiren, Heruler und Rugier im mittleren Donaugebiet; sie dürften ihre Sitze noch unter Attila dorthin verlegt haben, „wo wir sie nach dem Fall des Hunnenreiches antreffen" *(I. Bóna)*. Nach Attilas Tod (453) brach unter seinen Söhnen ein Bruderzwist aus, den die germanische „Gepidenliga" – ihr schlossen sich Rugier, Heruler, Sweben, Skiren und Donausarmaten an – benützte, um aus dem Völkerkerker wieder auszubrechen und dabei der Hunnenherrschaft ein Ende zu bereiten. Nun nahmen die Germanen ihre Angriffe gegen das Römerreich wieder auf.

Der Skire Odoaker bereitete dem Weströmischen Reich unter Orestes und dessen Sohn Romulus Augustulus ein Ende. Einst waren beide in Diensten der Hunnen gewesen. Orestes wurde 476 ermordet, Romulus Augustulus verbannt. Odoaker avancierte zum König von „Italia", von Ostrom, das den Anspruch auf das Gesamtreich erhob, mehr geduldet als anerkannt. Später wurde Odoaker vom Ostgoten Theoderich, der im Auftrag von Byzanz handelte, gestürzt.

Das ist die Situation zur Zeit des Wirkens Severins in Ufernorikum. Er kam hier nach dem Zerfall des Hunnenreiches an. Einen Ansatz für die Datierung bietet das in Kapitel 1 der „Vita" berichtete Erdbeben von Comagenis, das in die Zeit der Herrschaft des Avitus fällt (456). Offenbar agierte der Heilige in Sachen des Grenzschutzes zunächst in politischer Funktion *(F. Lotter; I. Bóna)*.

Noch bestanden die römischen Kastelle und waren von Soldaten bewacht, noch wurden Wein, Obst und Getreide produziert, noch gab es einen Binnen- und Fernhandel.

Die romanische Bevölkerung versorgte sich auch auf rugischen Märkten mit Gütern („Vita", Kap. 6, 4). Im Winter führten die Transporte sogar über die zugefrorene Donau (Kap. 4, 10). Mit dem zunehmenden Verfall des Reiches war man auf diese Ressourcen umso mehr angewiesen (Kap. 22, 2).

Die große Zäsur bedeutet das Jahr 476, der „Zerfall des Reiches". Seither wuchs Severin immer mehr in seine eigentliche Mission als „Helfer in der Not" und „Mann Gottes" hinein.

Die ostgermanischen *Heruler*, die sich „durch besondere Wildheit und rücksichtslose Tapferkeit" auszeichneten *(J. Reitinger)*, überfielen Ioviaco (Schlögen an der Donau oder Aschach) und erhängten einen Priester am Galgen (Kap. 24). Die *Thüringer* verwüsteten Batavis, töteten viele Einwohner (Kap. 27, 3) und wurden auch für Lauriacum gefährlich (Kap. 31, 4). Sie fielen offenbar nur gelegentlich in Ufernorikum ein. Die *Alemannen*, deren König Gibuld Severin Achtung entgegenbrachte (Kap. 19), machten Gefangene, überfielen immer wieder die Donausiedlungen (Kap. 27 und 31), ja stießen sogar bis Binnennorikum vor (Kap. 25). Selbst die *Rugier*, deren Könige früher auf Severins Rat gehört hatten, wurden schließlich zur Gefahr (Kap. 31).

In zunehmendem Maße hatte sich die Bevölkerung in die schützenden Kastellmauern zurück-

Severin tauft einen Germanenfürsten
Handkolorierte Federlithographie (um 1834) nach einem Bild von Moritz v. Schwind.

gezogen, das flache Land war vielfach verwaist. Der Realist Severin erkannte jedoch, dass auf die Dauer auch in den befestigten Städten keine Bleibe war. So organisierte er den geordneten, etappenweisen Abzug der Romanen (Kap. 27, 2; 28, 31) und bereitete noch die Auswanderung nach „Italia" vor (Kap. 40, 4), die er selbst nicht mehr erlebte.

Nach dem Tod des Heiligen (Kap. 43) plünderten die Rugier das Severinkloster Favianis an der Donau (nach der Mehrzahl der Forscher Mautern, NÖ.) gegenüber der Residenz der Rugierkönige. Die nun ausbrechenden Wirren unter den Rugiern und ihre Liaison mit den Ostgoten führten schließlich zur Vernichtung des Rugierreiches durch Odoaker, dessen Herrschaft wiederum der Ostgote Theoderich ein Ende setzte. Nun war im ehemaligen Ufernorikum das Feld frei für das Erstarken des neuen Stammes der Baiern.

Nach dieser politischen Situationsschilderung sei noch näher auf die kirchlichen Verhältnisse eingegangen. Wenn man unter dem „Apostel von Norikum" einen Missionar versteht, der für die Aufnahme der Botschaft des Evangeliums erst den

Grund legt, so gebührt Severin dieser Ehrentitel nicht. Als er in unserer Heimat zu wirken begann, war das Kirchenwesen bereits voll entwickelt. Dessen Anfänge mögen in das 2. Jahrhundert zurückreichen, im 3. und 4. Jahrhundert erfolgte der systematische Ausbau.

Konfessionell gesehen waren Severin und die Romanen Anhänger des nizäischen Christentums, dem das Dogma des Konzils von Nizäa (325) zugrundeliegt, das Christus für gleichwesentlich (homousios) mit dem Vater hält. Die Germanen hingegen waren entweder Heiden, wie die Alemannen und Heruler, oder Arianer (benannt nach Arius, ca. 260 – 336), wie die Ostgoten und Rugier. Von diesen bezeugt es die „Vita" indirekt, wenn sie den Glauben des Severin von demjenigen des Königs Flaccitheus unterscheidet (Kap. 5) und von der Königin Giso berichtet, dass sie Katholiken „umtaufte" (Kap. 8), dabei aber doch voraussetzt, dass der Heilige mit ihrem Gatten Feletheus (Fewa) auf der gemeinsamen Basis des Christentums verhandelte (Kap. 31). Während Severin, wie später zu zeigen sein wird, gegen heidnische Relikte bei den Christen ankämpfte, respektierte er offenbar die Überzeugung der Arianer. Wir hören nichts von Bekehrungsversuchen.

Severin konnte sich des kirchlichen Organisationsrahmens bereits im vollen Maße bedienen, was umso wichtiger war, als die politischen Strukturen unter dem Andrang der Germanen zusehends verfielen.

Die „Vita" nennt zumindest zwei *Bistümer:* Tiburnia/Teurnia (St. Peter in Holz) für Binnennorikum und Lauriacum/Lorch für Ufernorikum. Ersteres wird einmal „metropolis Norici" genannt (Kap. 21). Aus dieser Bezeichnung kann freilich der Metropolitanrang für Tiburnia nicht verlässlich abgelesen werden, da damit an sich nur die damalige Hauptstadtfunktion (Sitz des Statthalters) dokumentiert wird. Die Nennung des Bischofs Paulinus als Inhaber der höchsten Priesterwürde (summi sacerdotii ... principatus), zu der er übrigens durch Volkswahl berufen wird, wirkt aber geradezu tautologisch und dürfte daher wohl am ehesten auf einen „Erzbischof" zu beziehen sein. Auch für Lorch scheint die Titulierung des Bischofs Constantius als „pontifex", die die Vita sonst nur noch für Papst Gelasius (492 – 496) verwendet, die Würde eines Metropolitansitzes anzudeuten.

Da sich aber untergeordnete Bistümer bisher nicht nachweisen ließen, ist ein entsprechender Schluss problematisch. Es stimmt jedenfalls nachdenklich, dass es für *beide* Rätien offenbar nur *einen* Bischof gegeben hat (Valentinus Raetiarum ... episcopus, Kap. 41). Wenn nach der „Vita" der Stadttribun von Favianis später zum Bischof aufrückte (Kap. 4, 2) und Severin hier die angetragene Bischofswürde ausschlug (Kap. 9, 4), so ist in beiden Fällen nicht gesagt, dass es um die Bestellung eines Bischofs von *Favianis* ging. Obwohl es also Indizien für die Existenz von Erzbistümern, nämlich Tiburnia und Lauriacum, gibt, lässt die Quellenlage keine sicheren Aussagen zu; für Tiburnia ist die Wahrscheinlichkeit größer als für Lorch. Den allmählichen Verfall der staatlichen Institutionen kompensierte Severin durch den Rückgriff auf die kirchliche Organisation. So wird Bischof Paulinus mit der Umsiedlung der Bevölkerung hinter die schützenden Kastellmauern (Kap. 25) und Constantius mit der Feindabwehr (Kap. 30) befasst. Beide Ereignisse dokumentieren einerseits die übergeordnete Rolle Severins, andererseits seinen Respekt vor den kirchlichen Instanzen, die er bei seinen Maßnahmen nicht überging.

Gotteshäuser sind an allen Orten, die in der „Vita" genannt werden, vorhanden. Sie werden namentlich erwähnt für Asturis, Comagenis/Tulln, Favianis/Mautern (?), Lauriacum/Lorch, Joviaco/Schlögen oder Aschach an der Donau, Juvao/Salzburg, Cucullis/Kuchl, Boiotro/Passau-Innstadt,

Batavis/Passau, Quintanis/Künzing und Tiburnia (Teurnia)/St. Peter in Holz. In Passau ist überdies ein Baptisterium bezeugt (Kap. 22, 3 und 5).

Im Falle Lorchs deutet die Lokalisierung des Ölwunders „in una basilica" auf die Existenz von wenigstens zwei Gotteshäusern, was die Archäologie bestätigt hat. Der Unterscheidung zwischen „ecclesia" (Gemeindekirche) und „basilica" (Klosterkirche) mag eine gewisse Bevorzugung in der Terminologie zugrundeliegen; konsequent wurde diese Differenzierung wohl kaum eingehalten, müsste man doch sonst im Falle Lorchs auf zwei Klosterkirchen schließen, was sinnwidrig ist.

Die Kirchen sind mit dem entsprechenden Klerus bzw. Hilfspersonal ausgestattet. Wir hören (Kap. 1, 10, 16) von Priestern, Diakonen, Subdiakonen, Ostiariern (portarii aeditui), Kantoren (Lektoren), Mesnern (ecclesiae custos). Die Hie-

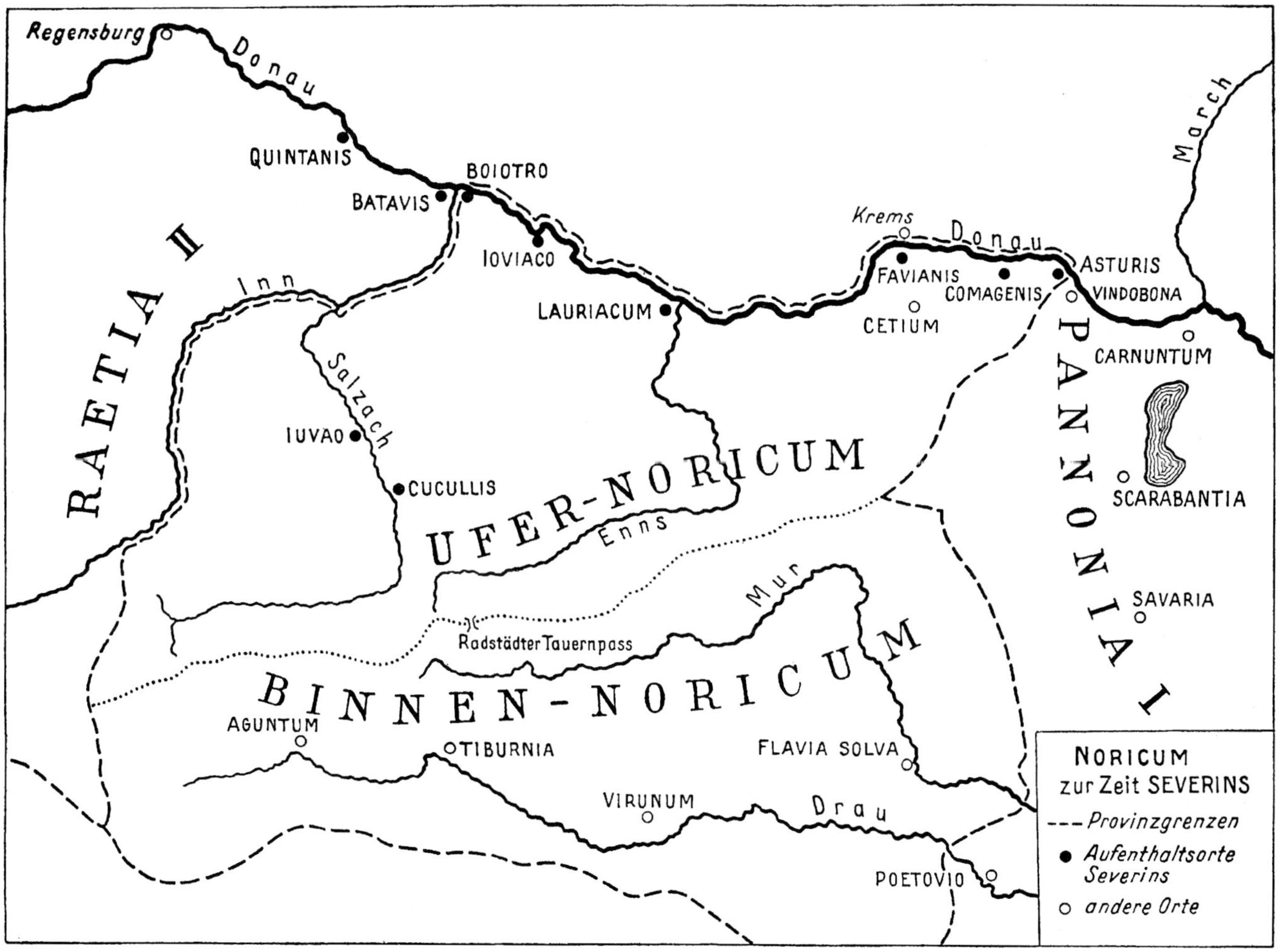

Norikum zur Zeit des hl. Severin

Aus: Eugippius, Das Leben des heiligen Severin, herausgegeben und übersetzt von R. Noll (Schriften und Quellen der alten Welt, Bd. 11), Berlin 1963.

rarchie mit ihren verschiedenen Weihegraden ist also vollständig ausgebildet.

Das Frömmigkeitsleben ist hoch entwickelt. Die Erfüllung der religiösen Pflichten heißt „opus Dei" (Kap. 4, 5). Beten, Fasten und Almosengeben sind „geistliche Waffen" (arma spiritualia, Kap. 28, 1), bei besonderen Anlässen werden „Triduen in gottgefälligen Werken" abgehalten (A. *Pfiffig;* vgl. „Vita", Kap. 2, 1; 11, 2; 25, 2). In den Kirchen gibt es Gebetsgottesdienste am Morgen (matutinae orationis; Kap. 39, 1), untertags (daran nimmt Severin für gewöhnlich nicht teil; Kap. 39, 1) und abends (sacrificium vespertini sollemnitas; Kap. 2, 1; 13), wobei das Psalmengebet eine große Rolle spielt (Kap. 11, 3; 12, 3).

Vielstündige Vigilien (Nachtgottesdienste) werden in der „Vita" mehrmals bezeugt als Totenliturgie (Kap. 16), Totengedächtnis (Kap. 41) und vor Erhebung der Gebeine Severins (Kap. 44). Es gibt eine regelrechte Sterbe- und Totenliturgie. Severin empfängt vor seinem Hinscheiden die Kommunion, bezeichnet sich mit dem großen Kreuz (lateinisches Kreuzzeichen) und wünscht den Psalmengesang. Für die Toten werden die schon genannten Vigilien verrichtet. Die Beisetzung erfolgt in einem Holzsarg (Kap. 44, 1). Die Messfeier ist zwar in der „Vita" nie ausdrücklich erwähnt, sie wird aber durch das Vorhandensein von Priestern sowie eines Messkelchs vorausgesetzt. „Das liturgische Jahr" tritt uns in der Feier des Epiphanietages, des alten Weihnachtsfestes (Kap. 41, 1) entgegen, und in der Fastenzeit, in der Severin nur einmal in der Woche Speise zu sich nimmt (Kap. 39, 2). Der Reliquien- und Heiligenkult ist voll ausgebildet (Kap. 9, 22, 23), auf das Vorhandensein von „Heiltümern" (sanctuaria) in den Kirchen wird großer Wert gelegt. „So zeigt das christliche Leben in Noricum trotz der krisenhaften Zeit beachtliche Höhe und Lebendigkeit. Dieses Bild wird kaum beeinträchtigt, wenn wir erfahren, dass im Salzburgischen im geheimen noch alten Kulten gedient wird (Kap. 11, 2); solche Fälle von Paganismus kommen noch viel später vor" (*A. Pfiffig*). Für sein großes Hilfswerk bediente sich Severin vor allem der Klöster, die er selbst errichtet hatte. An einer Stelle ist auch von einer „Nonne" die Rede (virgo sacrata, Kap. 16). Über das Mönchtum werden wir später ausführlicher berichten; hier mögen einige Andeutungen genügen.

Mit den mönchischen Niederlassungen, deren älteste und größte sich zu Favianis befand („antiquum et omnibus maius monasterium"), schuf sich der Heilige ein Netz religiöser Stützpunkte, die ihm zur Bewältigung seiner seelsorgerischen und karitativen Aufgaben dienten. Daher entstanden die Klöster auch nicht an abgelegenen Plätzen, sondern vorwiegend am Limes. Es ist nicht auszuschließen, dass der Heilige bei seinen Gründungen schon an ein vorseverinisches Mönchtum in Norikum anknüpfen konnte.

Von Favianis abhängig waren mehrere kleine Klöster. „Diese Mönchszellen waren für Severin die Augen, die für ihn Wahrnehmungen machten und ihm alles nach Favianis übermittelten, von wo aus er dann seine Anordnungen traf oder an die betreffende Stelle reiste" (*N. Miko*).

Als Vorbild diente dem Heiligen das orientalische Mönchtum. Der Brief des Eugippius an Paschasius spricht davon, dass sich Severin aus „Sehnsucht nach einem vollkommeneren Leben" in „eine Wüste des Orients" begeben hatte. Bewusst wollte man den „Spuren der Väter" (vestigia patrum, Kap. 9, 4) folgen, sah sich aber aufgrund der Zeitverhältnisse veranlasst, sich von der reinen Beschauung abzuwenden und sich höchst aktiv an der Linderung der durch die Völkerwanderung und den Zusammenbruch des Reiches bewirkten materiellen und geistigen Not zu beteiligen. So wurde nicht nur der Heilige persönlich zu einem „Signal christlicher Hoffnung" (*P. Stockmeier*); auch seine Klöster wurden zu Zeichen des Heils.

DAS LEBEN

Wer war St. Severin?

Wie wir schon wissen, übersandte Eugippius das Manuskript seiner „Vita S. Severini“ an Paschasius mit der Bitte, es für die Veröffentlichung zu überarbeiten. In seinem Begleitschreiben erwähnt Eugippius auch, dass er über die Herkunft Severins kein sicheres Zeugnis habe. Schon zu dessen Lebzeiten habe man viel darüber gerätselt, woher er, den sie „im Glanze so großer Tugenden“ erlebten, eigentlich stamme. Doch wagte niemand, den Heiligen darüber zu befragen.

Eines Tages kam jedoch aus „Italia“ ein gewisser Presbyter Primenius, „ein vornehmer Mann von großem Ansehen“ (nobilis et totius auctoritatis vir). Dieser war wegen der Ermordung des Patriziers Orestes, „dem er wie ein Vater gewesen sein soll“, aus Furcht vor den Mördern schutzflehend zu Severin geeilt. Nach vielen Tagen, in denen er sich das Vertrauen des Heiligen erwarb, stellte er dann die Frage nach dessen Herkunft. „Aus welcher Provinz“, sagte Primenius, „stammt das so große Licht, das Gott diesen Regionen zu schenken geruht hat?“ Der Mann Gottes antwortete ihm zuerst verschmitzt: „Wenn du mich für einen entlaufenen Sklaven hältst, dann beschaff dir Lösegeld, um mich freizukaufen.“ Dann aber fügte er ernsthaft hinzu: „Was nützt es einem Diener Gottes, über seine Heimat oder seine Familie zu reden, wenn er doch durch sein Schweigen weit leichter übler Prahlsucht entgehen kann?“ Seine Sehnsucht, sagte er weiter, sei es, sich des himmlischen Vaterlandes würdig zu erweisen und dort als Bürger eingetragen zu werden. Das wisse Primenius ja. Was brauche man da sein irdisches Vaterland zu kennen. Er sage jedoch so viel, dass ihm, Severin, derselbe Gott, durch den Primenius zum Priester bestellt worden sei, den Auftrag erteilt habe, „diesen Menschen (den Bewohnern Ufernorikums) in ihrer Not beizustehen“.

Daraufhin wurde Severin, so teilt uns Eugippius mit, von niemandem mehr nach seiner Abstammung gefragt. Freilich habe ihn seine Art zu reden, als einen „durch und durch lateinischen Menschen“ ausgewiesen. Auch stehe fest, dass er früher, also vor seiner Tätigkeit in Norikum, sich „aus heißer Sehnsucht nach einem vollkommeneren Leben“ in eine Wüste des Orients begeben hatte; hierauf sei er, angetrieben durch eine göttliche Offenbarung, in die an Oberpannonien angrenzenden Städte Ufernorikums, die häufig durch Überfälle der Barbaren bedrückt wurden, gekommen. Soviel wisse man aus Andeutungen Severins, bei denen er auch einige Städte des Ostens erwähnt und von den „Gefahren einer überaus langen Reise“, denen er auf „wunderbare Weise“ entkommen sei, gesprochen habe.

Wir könnten es bei diesen Aussagen des Eugippius belassen. Dem Autor war offenbar darum zu tun, über den Lebensabschnitt Severins *vor* seinem Auftreten als Mann Gottes einen Schleier zu breiten. Sein Anliegen war es vielmehr, wie er ja deutlich genug ausspricht, der Nachwelt einen Bericht über den „Heiligen“ und „Wundertäter“ zu vermitteln. Dieser Zielsetzung aber war die Schilderung der weltlichen Karriere nicht nur nicht dienlich, sondern eher abträglich. Das Verschweigen der Herkunft (im weitesten Sinne des Wortes) wird also von der literarischen Gattung geradezu verlangt und lässt sich auch bei anderen Heiligenleben dieser Zeit feststellen. Daraus kann man nicht beweisen, dass Eugippius und seine Gewährsleute wirklich nichts über den „frühen Severin“ gewusst haben. Andererseits braucht man den Autor aber weder der Lüge noch der Unlauterkeit zu bezichtigen. Er folgte einfach damals üblichen Darstellungsprinzipien. Aber darauf kommt es uns hier gar nicht so sehr an.

Wir haben die Frage nach der Herkunft Severins

gestellt und glauben, dass schon die Primenius-Erzählung nicht unwesentliche Aussagen zulässt.

Auffallend ist schon der Umstand, dass ein Freund des Orestes bei Severin Zuflucht sucht. Orestes war seit 475 oberster Heermeister im Weströmischen Reich; früher war er Sekretär des Hunnenkönigs Attila gewesen. Er war der Vater des letzten weströmischen Kaisers Romulus Augustulus und der Rivale Odoakers, des späteren Königs von „Italia". Dieser ließ Orestes im Zuge seiner Machtergreifung (476) umbringen; dessen kaiserlichen Sohn aber setzte er ab und schickte ihn ins Exil. Wenn nun ein enger Freund des Orestes gerade zu Severin flüchtet, um bei ihm Schutz zu finden, darf man annehmen, dass auch der Heilige Kontakte zu Orestes gehabt hatte. Nebenbei gesagt lässt unsere Stelle den Schluss zu, dass Primenius den Severin zumindest vom Hörensagen bereits kannte; dieser war also eine über die Provinzgrenzen hinaus bekannte Persönlichkeit.

Dass der Heilige selbst von hoher Abstammung war, lässt schon seine – wohl unter Anspielung auf seine ärmliche Kleidung gemachte und bereits zitierte – Bemerkung vermuten, er sei „kein entlaufener Sklave" und er wolle durch das Verschweigen seines Standes „übler Prahlsucht" entgehen. Das heißt doch im Klartext, dass er eigentlich mit seiner Abstammung hätte „angeben" können.

Wir haben außerdem gehört, dass die Sprache (Diktion, Akzent) Severin als einen „ganz und gar lateinischen Menschen" erkennen ließ. Der „Prototyp des Lateiners", wie wir diese Ausdrucksweise vielleicht verdeutlichen könnten, wird aber doch wohl „italischer" Herkunft gewesen sein.

Der genauere Herkunftsort des Heiligen lässt sich nicht angeben. Es mag aber nicht abwegig sein, eine Spur aufzugreifen, auf die *R. Noll* und andere hingewiesen haben. Ein Aussätziger kommt zu Severin aus Mailand (Kap. 26) und Reliquien von den hll. Gervasius und Protasius, den Schutzpatronen Mailands, wurden wahrscheinlich auch von dort nach Favianis gebracht (Kap. 9). Auf jeden Fall aber deuten solche Beziehungen – wie auch das Kommen des Primenius und der Import von Olivenöl (Kap. 28) aus „Italia" sowie der Briefverkehr mit Odoaker u.a. – auf (noch) bestehende Verbindungen zwischen Ufernorikum und dem italischen Mutterland hin.

Die Auffassung, Severin sei Afrikaner gewesen, wie man dies in der älteren Literatur lesen kann, ist heute praktisch aufgegeben. Sie beruht auf wenig zuverlässigen Handschriften, in die vielleicht eine spätere Glosse Eingang gefunden hat. Schon im vorigen Jahrhundert haben es *A. Huber* und *F. W. Rettberg* als störend empfunden, dass jener Mann, der als „homo omnino Latinus" begegnet, ein punisches Latein gesprochen haben soll. *F. Prinz* glaubt, diese Bezeichnung auch als Aussage über die Zugehörigkeit Severins zur „höheren antiken Bildungsschicht" werten zu dürfen, und *P. F. Barton* prägt in diesem Zusammenhang die Formel vom „kultivierten Römer".

Der Eugippius-Brief bestätigt Severin schließlich ein hohes Sendungsbewusstsein (er kam im Auftrag Gottes) sowie eine „Ausbildung" im „Orient" (wohl bei Mönchen des Ostens) für die später von ihm so meisterhaft erfüllte Aufgabe als Helfer der Notleidenden.

Der „Stand" des Heiligen wird vom Priesterberuf des Primenius so deutlich abgesetzt, dass man annehmen muss, Severin sei Laie gewesen. Später hat er die ihm angetragene Bischofswürde ausdrücklich abgelehnt.

Zu den Aussagen über Severin, die das Schreiben des Eugippius an Paschasius zulässt, bieten die Lektüre der „Vita" und andere verfügbare Quellen Ergänzungen und Präzisierungen.

Es kann nicht schon hier das ganze „Leben" Severins erzählt werden. Für seine politische Gewandtheit und damit indirekt auch für seinen hohen Rang und Stand spricht auch sein geradezu selbstverständlicher Umgang mit höchstgestellten Persönlichkeiten. So traf er sich mit dem Skirenfürsten Odoaker und blieb mit ihm noch in brieflicher Verbindung, als dieser schon König von „Italia" war; dem Alemannenkönig Gibuld trat er unerschrocken und selbstbewusst entgegen; und die Rugierkönige Flaccitheus und Fewa hörten auf seinen Rat.

Besondere Beachtung verdient ein Bericht der „Vita", aufgrund dessen sich – nach dem Tode des Severin und der Überführung seiner Reliquien nach Norditalien – eine Witwe namens Barbaria „in vielen Briefen" an die Severinmönche wandte und diese zu sich einlud. Die Dame wird ausdrücklich als eine „illustris femina" bezeichnet und damit einer hohen staatlichen Rangklasse zugewiesen. Sie nun hatte die Absicht, den ehrwürdigen Leichnam des Heiligen in einem von ihr errichteten Mausoleum in Lucullanum beisetzen zu lassen. Papst Gelasius (492 bis 496) erteilte hierzu persönlich seine Zustimmung und Bischof Viktor von Neapel führte die Translation unter großem Zulauf des Volkes durch. Schon dass sich für den toten Severin, der in solcher Entfernung von Rom gewirkt hatte, ein Papst und ein Bischof interessieren, verdient Beachtung. Die Wahl von Lucullanum als Begräbnisstätte aber offenbart erneut die Verbindung des Heiligen zum weströmischen Kaiserhaus. Das nach dem ehemaligen Besitzer, dem reichen Lukull, benannte Kastell war nämlich nach der Absetzung des Romulus Augustulus (476) diesem und seiner Mutter als Ruhesitz angewiesen worden. Wenn nun Barbaria über diese Liegenschaft verfügen kann, ist anzunehmen, dass sie in Verbindung zum letzten weströmischen Kaiser stand. Welcher Art war diese Verbindung? Die „Vita" bemerkt, dass Barbaria den hl. Severin „infolge seines Rufes" und aufgrund seines „Briefverkehrs mit ihrem verstorbenen Mann" bestens gekannt und überaus verehrt hatte. Nun aber kennen wir schon einen Mann, über den eine Beziehung von Severin zu Romulus Augustulus geht: Orestes. Wir wissen auch von seinem Tod; er ließ also seine Frau als Witwe zurück. Liegt es da nicht mehr als nahe, in Barbaria die Gemahlin des Orestes und Mutter des Romulus Augustulus zu sehen?

In diesem Zusammenhang sei noch ein bisher kaum beachtetes Detail der „Vita" aufgegriffen. Kap. 32 berichtet uns davon, dass König Odoaker Severin brieflich einen Wunsch freigestellt hatte. Der Heilige begehrte daraufhin die Begnadigung eines gewissen in der Verbannung lebenden Ambrosius. Wenn aber dieser von Odoaker begnadigt werden soll, dann ist er offenbar von diesem auch ins Exil geschickt worden. Dann aber war Ambrosius ein politischer Gegner des Odoaker, gehörte also wohl dem Oresteskreis an. Und so wie Severin dem Orestes-Freund Primenius seinen Schutz angedeihen ließ, setzte er sich nun auch für Ambrosius ein. In diesem Licht haben wir hier eine erneute Bestätigung für die Kontakte des Heiligen zu Orestes bzw. zum weströmischen Kaiserhaus.

Noch eine weitere mögliche Beziehungslinie, auf die mit aller gegebenen Vorsicht hingewiesen sei, ist interessant. Der Vater Odoakers namens Edeka hatte einst zusammen mit Orestes dem Hunnenkönig Attila gedient. Odoaker wuchs am Hof des Hunnenkönigs auf. Die Rugier waren bis zum Tode Attilas in hunnischer Knechtschaft. Mit all diesen Personen bzw. Volksgruppen ist aber Severin bestens bekannt. War auch er einmal am Hofe Attilas gewesen? Gleich die ersten Sätze der „Vita" (sie nehmen Bezug auf Attilas Tod und die darauffolgenden Unruhen in beiden Pannonien und den anderen Donauländern, worauf Severin aus dem Osten herbeikam), lassen solche Überlegungen jedenfalls als nicht ganz abwegig erscheinen.

Wer war nun Severin wirklich? Auch eine noch so oberflächliche Lektüre der „Vita" offenbart seine hohen organisatorischen und strategischen

Kenntnisse und Fähigkeiten. Sie aber lassen sich aus seinem „Mönchsstand" keineswegs so ohne weiteres ableiten. Daher hat man auch bisher schon angenommen, dass Severin „vor seinem Abschied von der Welt wahrscheinlich einen höheren römischen Staatsposten innegehabt" hat *(N. Miko)*.

Das bestätigen neuere Forschungen. Erst kürzlich hat *F. Lotter* erneut darauf aufmerksam gemacht, dass es neben der „Vita Severini" noch eine zweite wichtige Quelle über den Heiligen gibt, nämlich die von Ennodius stammende Lebensbeschreibung des Mönches Antonius von Lerins, ein Buch, das etwa der gleichen Zeit wie das Werk des Eugippius angehört. Darin nun begegnet ein Severin als „inlustrissimus vir", also als ein „sehr angesehener", ein „erlauchter" Mann. Da diese Titulatur seit etwa der Mitte des 4. Jahrhunderts für die Inhaber höchster Reichs- und Hofämter reserviert war, muss der von Ennodius erwähnte Severin einmal ein solches bekleidet haben. Da in beiden Viten Severin als „beatus vir" (= Heiliger) bezeichnet und mit Bischof Constantius von Lorch in Zusammenhang gebracht wird, ist eine Identität ohne weiteres anzunehmen.

Auf der Suche nach der ehemaligen politischen Tätigkeit Severins kommt Lotter aufgrund mehrerer Indizien zur Annahme, dass er vor seiner Konversion den Grenzschutz in Norikum geleitet haben dürfte. Das lässt sich nicht mit Sicherheit beweisen, würde aber die große Achtung, die ihm hier die Bevölkerung erweist, gut erklären.

In einem Brief an einen gallischen Freund schildert Apollinaris Sidonius ein Gastmahl zu Arles im Frühling 461, an dem außer dem Kaiser Majorian auch Magnus, der Konsul des Vorjahres, und der damalige Konsul Flavius Severinus teilnahmen. F. Lotter hat vermutet, dass es sich dabei um Severin von Norikum handelt, was zum Gesagten passen würde. Severin wäre also *zweimal* nach Norikum gekommen, einmal, bald nach Attilas Tod, in offizieller Funktion, dann erneut, nach steiler Karriere und schließlicher „Konversion", um den bedrängten Menschen in ihrer Not beizustehen. Dabei wäre ihm für sein Wirken immer noch seine frühere Autorität zugute gekommen.

Der französische Historiker *Chastagnol* hat für den Konsul Severin ein Todesjahr zwischen 481 und 490 errechnet. Bekanntlich starb der hl. Severin am 8. Jänner 482, also im erwähnten Zeitraum. Dennoch ist diese These Lotters fast durchwegs auf Ablehnung gestoßen, zumal der „Konsul" Flavius Severinus zwischen 476 und 483 nachweislich in Rom war *(A. Cameron)*.

Aber auch bei Verzicht auf diese Hypothese bleibt die Erkenntnis einer ehemaligen politischen Karriere Severins bestehen.

Neben der Frage nach Rang und Herkunft Severins interessiert auch die nach dem Geburtsdatum. Genaue Angaben sind nicht möglich, einige Überlegungen lassen sich jedoch anstellen. Wir kennen das genaue Sterbedatum: 8. Jänner 482. Nach der „Vita" hat der Heilige gegen Ende seines Lebens seinen bevorstehenden Tod wieder holt vorausgesagt. In diesem Zusammenhang antwortete ihm einmal der Presbyter Lucillus, dass doch wohl er als „altersschwacher Mensch" früher als Severin sterben werde. Nehmen wir einmal an, dass das besagt, Lucillus sei damals ein guter Siebziger gewesen (viel älter kann er nicht gewesen sein, da er sechs Jahre nach Severins Tod die Übersiedlung der Mönche von Favianis nach Montefeltre noch mitmachte und dort dem Kloster eine Zeitlang vorstand), so muss Severin jedenfalls erheblich jünger gewesen sein, was auf einen guten Sechziger hinausliefe. Dieses Alter ist bei seinem Tod aber auf alle Fälle anzunehmen, da Severin uns schon bei seinem Kommen nach Norikum (bald nach 453) als gereifte Persönlichkeit begegnet und an die dreißig Jahre (eventuell mit einer längeren Unterbrechung) in der Provinz wirkte.

Wenn wir vom Todesjahr Severins (482) etwa 65 Jahre zurückrechnen, kommen wir auf die Zeit um 417, womit aber nur ein ganz vager Anhaltspunkt für das Geburtsjahr des Heiligen gewonnen ist.

Die Ausbildung Severins lässt sich zwar nicht rekonstruieren, doch ist auf jeden Fall eine staatspolitische Erziehung anzunehmen, zu der dann noch der mönchische Bildungsgang kam. Wiederholt begegnen wir Severin in der „Vita" bei der Lektüre der Hl. Schrift (Kap. 10, 20 und 23), und fleißig zitiert er daraus; er korrespondiert mit dem Mann der Barbaria (nach unserer Auffassung Orestes) und empfängt einen Brief des Odoaker; er wendet sich mit Sendschreiben an die Bevölkerung (Kap. 17, 19, 25 und 32); und er wirkt schließlich als Erzieher des Antonius, des Neffen des Lorcher Bischofs Constantius. Möglicherweise war in Favianis in bescheidener Form schon so etwas wie eine Klosterschule vorhanden. Die hohe Geistigkeit und die rhetorischen Qualitäten, über die Severin bei seinem Auftreten verfügt, sind ohne eine entsprechende Schulung nicht gut denkbar. Alles deutet also auf einen gebildeten Römer.

Versucht man, die hervorragenden Eigenschaften Severins zu benennen, tut man sich bei einer so überragenden Persönlichkeit nicht ganz leicht. Als auffallende Charakterzüge seien angeführt: eine tiefe Frömmigkeit, eine große Einsatzbereitschaft für den Mitmenschen, eine mit Güte gepaarte Strenge, eine ausgeprägte asketische Haltung und ein hohes Sendungsbewusstsein, das sich vor allem in der Art seines Auftretens äußert. Die folgenden Kapitel werden zahlreiche Belege für das Gesagte bringen. Hier sei nur ganz allgemein darauf hingewiesen, dass Severin immer wieder das Bedürfnis hat, in der Abgeschiedenheit seiner Zelle mit Gott allein zu sein, dass er aber auch inmitten schwierigster Situationen Zeit für das Gebet findet, dass er seine Verkündigung und seine Werke der Nächstenliebe mit Vorliebe in Kirchenräume verlegt, dass er, wenn es um den andern geht, in seinen Forderungen sehr energisch sein kann, dass er den Zeitgenossen im Verzicht und in der Entsagung mit überzeugendem Beispiel vorangeht, dass seine Aufträge und Bitten als Befehle empfunden werden (Eugippius spricht immer wieder von „Befehlen" des Heiligen, denen das „Gehorchen", und zwar nicht nur der Seinen, sondern auch germanischer Heerführer und Fürsten gegenübersteht), und dass er sich wiederholt darauf beruft, im Auftrag Gottes zu handeln.

Besonders hervorgehoben, da häufig übersehen, sei Severins Güte. Sie lässt sich vor allem aus der Schilderung des Eugippius über die letzten Tage Severins erkennen. Der Heilige redete seine Mönche fortwährend mit „liebevoller Freundlichkeit" an, „wie er das ja auch sonst stets getan hatte" (... dulcedine caritatis, quod quidem facere nec ante cessaverat) und er versäumt es nicht, sich von ihnen mit einem Friedenskuss zu verabschieden. Eugippius war wahrscheinlich Zeuge des Sterbens Severins, wodurch seine Aussage an Wert gewinnt. Auch das Kapitel 17, das von seiner „angeborenen Milde" spricht (so darf man „pietas" im Zusammenhang übersetzen) und erwähnt, dass er Hunger empfand, wenn die anderen nichts zu essen hatten, und fror, wenn seine Mitmenschen an Bekleidung Mangel litten, sei als Beleg für die Herzensgüte des Heiligen angeführt.

Und noch ein Satz der „Vita" sollte nicht überlesen werden. In Kap. 39 heißt es, und zwar bezeichnenderweise im Zusammenhang mit der Schilderung der strengen Askese Severins: „Trotzdem strahlte sein Antlitz in gleichmäßiger Heiterkeit."

Weder die ständige Herausforderung durch die wirren Ereignisse jener Tage noch das hohe Maß an Entsagung haben Severin hart gemacht oder ihm seine innere Ruhe geraubt.

Helfer in der Not

„Zur Zeit, als der Hunnenkönig Attila gestorben war, gerieten beide Pannonien und die übrigen Donauländer infolge der ungeklärten Lage in große Unruhe". Damals kam Severin aus dem Osten (de partibus orientis) in das Grenzgebiet

Hl. Severin, Apostel der Noriker
Kupferstich von Gustav Andreas Wolffgang nach einer Zeichnung von Gottfried d. J. Eichler. Barockes Andachtsbild (um 1760).

von Pannonien und Ufernorikum (Kap. 1), „um den Menschen in ihrer Not beizustehen". Nach *F. Lotter* war dieses Kommen nach dem Zusammenbruch des Hunnenreiches in politischer Mission erfolgt. Severin mag im Auftrag Westroms mit dem Schutz der Grenzprovinz Ufernorikum beauftragt gewesen sein. Dann ereignete sich seine „Bekehrung", d. h. er wendete sich von seinen weltlichen Geschäften ab, um ein Leben im Dienste Gottes zu führen. Aber davon berichtet uns die „Vita" nichts; den einzigen Hinweis verdanken wir, wie schon das vorhergehende Kapitel gezeigt hat, dem Brief des Eugippius an Paschasius, der uns ahnen lässt, dass Severin durch eine Begegnung mit dem östlichen Mönchtum sein Leben geändert hat. Seine Biographie stellt ihn uns bereits als den „Mann Gottes" vor. Doch sein Auftreten lässt noch deutlich die frühere politische Karriere erkennen. Und auch in seiner neuen Funktion blieb es dem Heiligen in jener bewegten Zeit nicht erspart, sich immer wieder mit den Dingen des harten Alltags zu befassen, ja er sah es geradezu als den Auftrag Gottes an, sich ihnen zu widmen. Dabei hätte er persönlich ein Leben in stiller Zurückgezogenheit vorgezogen.

Wenn wir in diesem Buch den „Helfer in der Not" vom „Mann Gottes" unterscheiden und im einen Fall mehr Severins Dienst am Menschen, im andern aber sein geistliches Tun herausstellen wollen, so sind wir uns der Problematik einer solchen Aufteilung bewusst. In Severin lässt sich das eine vom andern nicht trennen. Weil er der bedrängten Bevölkerung helfen wollte, musste er auch politisch tätig sein. Beten und frommes Reden allein waren zu wenig, obwohl beides sehr Not tat. In der Sorge um Nahrung, Kleidung und Schutz vor dem Feind waren ja die Menschen in der ständigen Gefahr, darin aufzugehen und Gott zu vergessen. Deshalb wurde der Laie Severin immer wieder auch zum Prediger. Gleich bei seinem ersten Auftreten begegnet er uns sozusagen im Gewand eines alttestamentlichen Propheten, der zur Buße aufruft.

Im Bewusstsein des Gesagten wollen wir uns zuerst mit den eher weltlich-politischen und sozialen Aktivitäten Severins befassen. Dabei müssen wir uns an das erinnern, was im Einleitungskapitel über die Zustände im damaligen Ufernorikum gesagt wurde.

Zur Chronologie seien (nach *F. Lotter*) folgende Hinweise geboten: Die Kapitel 1 bis 10 der „Vita" betreffen Ereignisse im Gebiet östlich der Enns (Niederösterreich südlich der Donau), und zwar vor dem Abzug der Goten aus Pannonien (um 472). Ein zweiter Abschnitt der Wirksamkeit des Heiligen (Kap. 11 – 19) fällt in die Jahre vor dem Zusammenbruch des Weströmischen Reiches (476); damals hielt sich Severin vorwiegend in der Westregion der Provinz auf. Es folgt (ab Kap. 20) der allmähliche Rückzug der Romanen in östlicher Richtung (von Quintanis nach Batavis, von hier nach Lauriacum) bis zur Übersiedlung (gegen 480) nach Favianis, wo Severin im Jahr 482 stirbt.

Zu seinem ersten Aufenthalt in Ufernorikum wählte Severin Asturis (Kap. 1), einen Ort, den die Wissenschaft noch nicht eindeutig lokalisieren konnte. Die früher von den Archäologen durchgeführte Gleichsetzung mit Klosterneuburg ist heute aufgegeben, da dieses schon in Pannonien lag, Asturis jedoch zur Provinz Ufernorikum gehörte. Zwentendorf oder Zeiselmauer kommen eher in Frage. Der Heilige verweilte einige Zeit (morabatur) in der kleinen Stadt Asturis. Er wohnte beim Mesner. Vor der drohenden Gefahr eines Feindeinfalls warnte er im Gotteshaus. Damit die Bewohner gerettet würden, gab er ihnen den Rat: Fastet, betet, seid barmherzig! Seine Zuhörer mögen das für naiv oder unrealistisch gehalten haben. Sie mögen übersehen haben, dass in Krisenzeiten nichts wichtiger ist als die Selbstkontrolle. Man schenkte Severins Worten keine Beachtung, auch dann nicht, als er der Stadt den Untergang ankündigte. Daher verließ der Heilige das verstockte Asturis und zog nach Comagenis/Tulln. Die Stadt wurde von „Barbaren" bewacht, also von Germanen. (Der Ausdruck „Barbaren" hat noch nichts von seiner späteren abwertenden Bedeutung an sich.)

Aufgrund der damaligen Machtverhältnisse hatte man das Zusammenleben von Romanen und Germanen vertraglich regeln müssen. In diesem Fall hatten die Germanen die Beschützerrolle übernommen. Eine verworrene Situation: Germanen bewachen Romanen gegenüber eventuellen Germaneneinfällen.

Trotz schärfster Aufsicht (custodia artissima) und genauer Kontrolle aller, die kamen oder gingen, ließ man Severin ohne weiteres in die Stadt. Ob sich hier nicht schon zeigt, dass der Heilige bereits bei seinem „ersten" Auftreten allgemein bekannt war, auch wenn Eugippius ihn als den großen „Unbekannten" schildern will?

Severin betrat sogleich die Kirche. Und wiederum ermahnte er die Menschen, zu fasten, zu beten und Gutes zu tun. Auch in Comagenis zweifelte man, ob das in der kritischen Lage, in der man sich befand, wirklich das geeignete Mittel war. Da kam der alte Mesner aus Asturis und berichtete der versammelten Gemeinde, dass die Stadt zerstört worden sei, weil man nicht auf einen gewissen Mann Gottes (homo dei) gehört habe; der Überfall durch die Feinde sei genau an dem durch ihn prophezeiten Tag erfolgt. Als der Mesner nachher in der Kirche Severin begegnete, identifizierte er ihn mit jenem Gottesmann. Nun schenkten die Comagener Severin Gehör. Man fastete und betete durch drei Tage hindurch. Am Abend des dritten Tages, beim Abschluss des Abendgottesdienstes (cum sacrificii vespertini sollemnitas impleretur), ereignete sich ein Erdbeben. Die Barbaren, die in der Stadt wohnten, verlangten, man solle ihnen die Tore öffnen. In der nächtlichen Verwirrung brachten sich die aus der Stadt

Fliehenden und die herandrängenden Germanen gegenseitig um. Comagenis war gerettet.

Wir spüren hier, wie wenig „freiwillig" das Zusammenleben der Romanen und Germanen gewesen war. Nun wurden die Romanen durch das Eingreifen Gottes wieder von ihren „Beschützern" befreit.

Das erwähnte Erdbeben lässt sich datieren; es fand um 456 statt. Damit haben wir einen wichtigen Anhaltspunkt für die Chronologie. Lotter hält es freilich für möglich, dass hier in der Erinnerung ein früheres Naturereignis mit dem späteren Kriegsgeschehen in Verbindung gebracht wurde.

Aufgrund der schwierigen Situation brach im späteren Lieblingsaufenthalt des Heiligen, in Favianis (die meisten Forscher suchen den Ort in Mautern an der Donau, einige in Wien) eine Hungersnot aus (Kap. 3). Es gab große Versorgungsschwierigkeiten. Da bat man Severin herbei. Sein Ruf als Helfer in der Not hatte sich also bereits weit verbreitet, er war eine bekannte Persönlichkeit. Severin rief vorerst auf zur Buße. Darunter verstand er zunächst einmal – nämlich bis zum Eintreffen der von ihm organisierten Hilfslieferungen, denen seine große Sorge galt – Werke der Nachbarschaftshilfe. Da erfuhr der Heilige, „aufgrund göttlicher Offenbarung", wie Eugippius sagt, dass die reiche, einem vornehmen Geschlecht entstammende Witwe Procula Getreide gehortet hatte. Severin redete ihr sehr ernst ins Gewissen. Er sparte nicht mit harten Worten. Er nannte sie eine „Sklavin des Geizes" und beschuldigte sie wegen ihres Verhaltens der „Götzendienerei". Gleichzeitig ließ er durchblicken, dass ein Ende der Not abzusehen sei. Der Herr werde barmherzig für seine Diener sorgen. Dann könne sie ihr Getreide in die Donau werfen und den Fischen jene Humanität erweisen, die sie den Menschen verweigert habe. Seine Rede hatte Erfolg. Procula teilte an die Armen aus. Wenig später kamen Frachtschiffe mit Getreide aus Rätien die Donau herunter. Zuvor waren sie im Eis des Inn steckengeblieben. Durch ein unverhofftes Tauwetter konnten die Schiffe freigemacht werden. Darin erblickte man die offensichtliche Hilfe Gottes auf Fürbitte Severins.

Doch nicht nur Hungersnot bedrohte die Menschen. Diebsgesindel nützte die unruhigen Zeiten für seine Zwecke (Kap. 4). Die „Vita" berichtet, dass „räuberische Barbarenhorden" Weidetiere und Menschen festnahmen. Die Bürger eilten zu Severin und schilderten ihm das Missgeschick. Er wendete sich an den (später zum Bischof bestellten) Stadttribun Mamertinus und forderte ihn auf, trotz militärischer Unterlegenheit die Räuber im Vertrauen auf Gott zu verfolgen. Tatsächlich gelang es, die einen in die Flucht zu schlagen, die anderen festzunehmen und viele Waffen zu erbeuten. Der hier geschilderte Gegensatz zwischen den „wenigen" Soldaten des Mamertinus (milites

Der Rugierkönig Flaccitheus sucht den Rat des hl. Severin
Kreisrunder, nicht signierter Holzschnitt (frühes 19. Jh.).

habeo ... paucissimos) und der „großen Schar" der Gegner (non audeo cum tanta hostium turba confligere) und dem schließlichen Erfolg „durch Gottes Beistand" (dominus pro vobis pugnabit) dürfte als literarischer „topos" im Sinne der Tendenz der „Vita" zu werten sein und daher eher zeigen, dass damals die Grenzwehr trotz großer Schwierigkeiten noch möglich war. Eugippius berichtet weiter, dass auf Befehl des Heiligen kein Gegner getötet werden durfte. Mit eindringlichen Ermahnungen ließ Severin die Räuber schließlich wieder frei, mit der Auflage, römisches Gebiet nicht mehr zu betreten. Verhandlungen werden vorausgegangen sein. Der Stadt Favianis aber verhieß der Heilige, dass sie keine Überfälle mehr zu erdulden brauche, solange sie „weder im Glück noch im Unglück vom Gottesdienst (opus dei) ablasse".

Das nächste Ereignis, das uns die „Vita" beschreibt, ist die Begegnung zwischen Severin und dem Rugierkönig Flaccitheus um oder nach 469. Der Heilige hatte aufgrund seiner Tugenden einen solchen Ruf erlangt, dass ihn sogar „die ketzerischen Feinde der Kirche durch Beweise besonderer Ehrerbietung auszeichneten" (Kap. 4, 12). Wir werden im nächsten Kapitel noch einmal auf diese Formulierung des Eugippius zurückkommen.

Severin empfing den Rugierkönig ohne jeden Vorbehalt, ja erwies sich als dessen Freund. Da die Rugier um 469 den Ostgoten in der Schlacht am Fluss Bolia unterlegen waren, befanden sie sich in einer schwierigen Situation. Daher dachten sie an eine Auswanderung nach „Italia". Die Goten verwehrten ihnen aber den Durchmarsch. In dieser Lage wandte sich Flaccitheus, der um sein Leben bangte, an Severin wie an ein himmlisches Orakel (tamquam caeleste oraculum). Eugippius berichtet, dass der Heilige den König ermahnte, er solle sich in Hinkunft mit allen Menschen um ein friedliches Auskommen mühen, sich mehr auf Gott als auf seine eigenen Kräfte verlassen und sich vor dem Hinterhalt hüten, aber auch selbst keinen legen. Das sind Ratschläge, die darauf hinauslaufen, niemanden zu provozieren, um Frieden zu haben. Schließlich kam das tröstende Wort aus dem Mund Severins, dass Flaccitheus nach dem Wegzug der Goten sein Leben in völliger Ruhe beenden werde, sofern er die Weisungen befolge.

Der Gotenzug, auf den hier Bezug genommen wird, ist um das Jahr 472 anzusetzen.

Nach der schon genannten Schlacht an der Bolia (469) trat ein Teil des Stammes der Skiren, der mit den Rugiern liiert gewesen war, in weströmische Dienste. Ihnen gehörte auch Odoaker an, der Severin auf der Durchreise einen Besuch abstattete, um sich „segnen" zu lassen (Kap. 7). Diese Begegnung war sicher kein Zufall, sondern ein diplomatisches Ereignis ersten Ranges. Odoaker, den uns die „Vita" als Jüngling schildert, obwohl er in Wirklichkeit ein reifer Mann war, trat in die Zelle des Mönchs; wegen seiner großgewachsenen Gestalt musste er sich bücken. Severin prophezeite dem in „ärmliche Felle gekleideten" Germanenfürsten eine große Zukunft, wenn er nach „Italia" gehe. Wir wissen, dass Odoaker später dort die Königswürde erlangte.

Die entscheidende Stelle zur Deutung der Begegnung zwischen dem „Mönch" und dem Germanenfürsten steht am Ende des 6. Kapitels der „Vita", wo es heißt: „Auch von anderen Völkern (neben den Rugiern) ... wünschten viele, den Streiter Christi zu sehen. Infolge dieser Verehrung ... machten manche Barbaren auf ihrem Zug nach Italien den Umweg zu ihm, um seinen Segen zu erlangen". Sie machten also eigens einen Umweg! Es lag ihnen viel daran, Severin zu treffen. Einer von ihnen war eben Odoaker, den wir hierauf im Dienste des Kaisers Anthemius (467 bis 472) antreffen. Der „Segen" des höchstangesehenen Severin, der Odoaker schon von früher gekannt haben wird (vgl. das vorige Kapitel), wird in einer Mittlerrolle gegenüber den weströmischen Autoritäten

Begegnung des hl. Severin mit Odoaker
Nicht signierter Holzstich, in: L. Donin, Leben und Thaten der Heiligen Gottes, Wien 1861.

bestanden haben. Das erklärt, wieso Odoaker Severin zeitlebens dankbar blieb, auch dann noch, als es, durch die Ereignisse bedingt, zu einer Entfremdung zwischen den beiden gekommen war. 476 ergriff Odoaker die Macht über „Italia", allerdings nach der Ermordung seines Rivalen Orestes und dem Sturz dessen Sohns, des letzten weströmischen Kaisers Romulus Augustulus. Spätestens seit damals scheint Severins Verhältnis zu Odoaker gebrochen gewesen zu sein. Eingedenk der ehemaligen Unterstützung versuchte Odoaker zwar, sich die Gunst des Heiligen zu erhalten. So stellte er ihm später sogar brieflich einen Wunsch frei (Kap. 32). Severin aber benützte dieses Angebot, um sich für einen gewissen Ambrosius, einen verbannten Gegner des neuen Königs, einzusetzen. Das war ein Testfall. Odoaker wollte es sich nicht ganz vertun und kam dem Verlangen „gerne" nach (gratulabundus paruit imperatis). Noch im gleichen Kapitel 32 der „Vita" wird erwähnt, dass zahlreiche Vornehme (multi nobiles) als Schmeichelredner bei Severin auftraten und Odoaker mit Lob überhäuften. Offenbar hielten sie die beiden noch für Freunde. Ihnen antwortete der Heilige mit der „Prophezeiung" von Odoakers Fall in „dreizehn oder vierzehn Jahren". Das dürfte deutlich genug ausdrücken, dass die gewaltsame Machtübernahme Odoakers die Beziehung Severins zu ihm abgekühlt hatte. Der Heilige hielt vielmehr dem Oresteskreis die Treue. Das früher in Schulbüchern so oft wiederholte romantische Klischee vom Freundschaftsverhältnis Severin/Odoaker hat dazu beigetragen, den Blick vor der komplexen Wirklichkeit zu verstellen.

Der Nachfolger des Rugierkönigs Flaccitheus namens Feletheus, der auch Fewa genannt wurde, hatte um 470 die Amalerin Giso, eine Verwandte Theoderichs d. Gr., geheiratet. Zum Unterschied von seinem Vater steuerte er daher einen gotenfreundlichen Kurs. Das führte im Verlauf der Zeit, wie wir noch sehen werden, zu einem Gegensatz zu Odoaker. Als Fewa die Herrschaft über die Rugier antrat, hielt er zunächst an der Verbindung mit Severin fest. Er machte nicht nur anlässlich der Übernahme der Regierung dem Heiligen einen Besuch (Kap. 8), sondern pflegte auch später Kontakte mit ihm. Etwas getrübt wurde diese Beziehung durch Giso, eine fanatische Arianerin. Als solche schildert sie uns Eugippius in den schwärzesten Farben. Nach der Vita machte sie, die Schwäche Westroms ausnützend, den Romanen das Leben schwer (Romanos tamen duris conditionibus aggravans). Sie ließ sogar einige von ihnen über die Donau schleppen und hielt sie als Sklaven. Severin forderte deren Freilassung. „Sie aber ließ ihm in einem Anfall von glühender Wut eine sehr grobe Antwort übermitteln: „Bete, o Knecht Gottes, versteckt in deiner Zelle, uns aber lass mit unseren Sklaven tun, was wir wollen." Im Vertrauen auf den Herrn Jesus Christus, sagt uns die „Vita“, rechnete jedoch Severin mit deren Freilassung auch gegen den Willen der Königin. Die Erzählung hierüber trägt – mit Anklängen an die Wielandsage – die Züge eines Strafwunders. Giso hatte nämlich auch einige barbarische Goldschmiede festgenommen, die sie sich zur Erzeugung königlichen Schmuckes hielt. Von diesen nun wurde sie noch an dem Tag, an dem sie Severin seine Bitte abgeschlagen hatte, durch eine regelrechte Geiselnahme erpresst. Der Königssohn Friedrich hatte sich in jugendlicher Neugierde zu den Goldschmieden hineinbegeben. Da hielten sie ihn fest und drohten damit, ihn und sich selbst mit dem Schwerte zu töten. „Auf diese Nachricht hin zerriss die grausame und gottlose Königin vor Schmerz ihr Gewand und schrie: O Knecht des Herrn, Severin, so, so wird von deinem Gott das begangene Unrecht bestraft!“ Sie ließ den Heiligen mittels einer Delegation um Verzeihung bitten und entließ sowohl die gefangenen Romanen als auch die Goldschmiede. Dann begab sie sich mit ihrem Mann und ihrem Sohn zu Severin, um ihm zu danken und ihm für die Zukunft die Befolgung seiner „Befehle“ zu versprechen (promit-

Severin und die Rugierkönigin Giso
Holzschnitt von Martin Speer nach einer Zeichnung von Bonaventura Emler (1863).

tens se nequaquam ultra eius iussionibus obviare).

Bei dieser Erzählung spüren wir noch besonders deutlich die Umformung durch die Überlieferung. Zwei Ereignisse – die Versklavung von Romanen und die Einkerkerung von germanischen Handwerkern und deren Freilassung – wurden hier offenbar im Verlauf des Weitererzählens synchronisiert. Was aber in unserem Zusammenhang mehr interessiert und sicher historisch ist, das ist einerseits die Schilderung der Zeitsituation (Romanen werden zu Sklaven von Germanen), andererseits die erkennbare hohe Autorität Severins. Auch wenn die Hinweise auf die mehrmalige Kontaktnahme der Königin (durch Boten und persönlich) und ihr Versprechen, fortan Severins „Befehlen" zu gehorchen, die tatsächlichen Geschehnisse überspitzt zum Ausdruck bringen mögen, so lassen sie doch die zugrundeliegende Realität noch gut erkennen. Schließlich ist der Bericht ein Zeugnis unter vielen für den großen Einsatz des Heiligen, wenn es darum ging, Gefangene freizubekommen.

Haben wir schon hier den allmählichen Umbruch der bisherigen Ordnung – die einstigen Herren müssen Sklavendienste leisten – deutlich gespürt, so wundern wir uns auch nicht, dass damals lichtscheue Elemente ihr Unwesen trieben (Kap. 10). Eines Tages entführten Räuber, die das Volk Skamarer nannte, den Klosterpförtner Maurus, den Severin schon einmal von den Germanen losgekauft hatte. Der Heilige hatte ihn vor dem Verlassen der schützenden Stadtmauern ausdrücklich gewarnt. Maurus war aber doch hinausgegangen, um das Obst zu ernten. Und schon war es geschehen. Er wurde überfallen, festgenommen und über die Donau geschleppt. Severin eilte ihm nach, und „unter dem Eindruck seiner ehrfurchtgebietenden Erscheinung" erreichte er die Freilassung des Gefangenen.

Offiziell bestand damals das Römerreich noch. Die romanische Bevölkerung begab sich aber zusehends vom flachen Land in den Schutz der Kastelle. In Severin sah man noch einen letzten Garanten der Sicherheit. In einer geradezu klassischen Stelle schildert das die „Vita" (Kap. 11) mit folgenden Worten: „Als zwar noch die oberen Städte Ufernorikums bestanden, aber fast kein einziges Kastell von den Überfällen der Barbaren mehr verschont blieb, stand der heilige Severin in derartig hohem Ansehen, dass ihn die einzelnen Kastelle um die Wette einluden, so als könne ihnen in seiner Gegenwart kein Unglück widerfahren. Es geschah dies nicht ohne den Willen der göttlichen Gnade, damit alle durch seine Ermahnungen wie durch himmlische Orakel erschreckt würden und sich nach seinem Beispiel durch gute Werke wappneten."

Vor allem war Severin auch der Helfer in materieller Not. Wir haben schon einmal von Getreidelieferungen aus dem Westen gehört. Auch die Nachbarschaftshilfe war wichtig, wie wir am Beispiel der reichen Procula gesehen haben. Aus Binnennorikum kamen mehrmals Kleidertransporte (Kap. 17 und 29), und aus „Italia" wurde ein Kontingent Öl beschafft (Kap. 28). Um aber nicht Zufällen ausgeliefert zu sein, führte Severin den Zehent, d. h. die Abgabe des zehnten Teiles der Feldfrüchte und anderer Güter, ein. Er hatte zu dieser Maßnahme wohl als letztem Mittel greifen müssen. Der Zehent war dem christlichen Altertum nicht unbekannt. Die Didache, Cyprian, Origenes kennen ihn, doch scheint ihn in Norikum erst Severin organisiert zu haben, denn bei der Belagerung von Tiburnia/Teurnia (St. Peter in Holz in Kärnten) durch die Goten um 472 (Kap. 17) hatte er noch nicht lange bestanden. Severin trieb den Zehent mit der Strenge eines alttestamentlichen Propheten ein. Ohne Unterlass rief er die Gläubigen zum Geben auf, auch durch Sendschreiben. Die Hartnäckigkeit, mit der Severin auf diesem Zehent bestand, war nicht grundlos, denn auch jetzt gab es noch Zögernde, die die Zeichen der Zeit nicht verstanden. Ihnen gegenüber war Severin unnachgiebig. Ein typisches Beispiel liefert ein Bericht über Lauriacum (Kap. 18). Obwohl die Bewohner dieser Stadt schon wiederholt aufgefordert worden waren, hatten sie den Zehent noch immer nicht eingebracht. Als Strafe für diese Säumigkeit wurde, so erzählt die „Vita", die schon heranreifende Ernte durch Getreiderost befallen, der sie zu vernichten drohte. Als die Bevölkerung Buße tat, fastete und Besserung versprach, ging die Geißel Gottes wieder an ihr vorüber. Ein milder Regen rettete die Ernte, und der endgültige Schaden war viel geringer, als man es befürchtet hatte.

Ein anderer Vorfall betraf das schon genannte Tiburnia (Kap. 17). Dort lag seit einiger Zeit das Ergebnis einer Kleidersammlung bereit. Während Severin aus dem übrigen Binnennorikum „nach Gewohnheit" viele Kleider überbracht wurden, hielt man sie in Tiburnia noch zurück. Im Jahr 472, als die Stadt von den Goten belagert wurde, mussten dann die Bewohner die Zehentgaben als Lösepreis herausgeben. Die „Vita" sieht das als Strafe für die Säumigkeit an.

Mit den Kapiteln 19 und 20 der „Vita" nähert sich die Berichterstattung dem Zusammenbruch des Westreiches, was in der Absetzung des letzten Kaisers Romulus Augustulus (476) seinen symbolhaften Ausdruck findet. Was Ufernorikum betrifft, so mussten zunächst „die oberen Kastelle", die westlich der Enns gelegenen Befestigungsanlagen entlang des Donaulimes, aufgegeben werden. In Batavis/Passau blieb laut Kap. 20 noch eine Wachmannschaft auf ihrem Posten. Hierher kam Severin wiederholt auf Bitten der Einwohner, und zwar „hauptsächlich wegen der andauernden Einfälle der Alemannen" (Kap. 19). Deren König Gibuld hatte schon von Severin gehört, ja brachte ihm höchste Achtung entgegen und wünschte, ihn kennenzulernen. Severin versagte sich diesem Wunsch nicht, benützte aber das Treffen, um Gibuld heftig ins Gewissen zu reden, er solle aufhören, romanisches Gebiet zu verwüsten; die Gefangenen aber solle er freigeben. Daraufhin begann der König zu zittern; später sagte er seinen Truppen, er habe noch nie in seinem Leben so vor Furcht gebebt. Er zog ab und versprach die Entlassung der Gefangenen, was ihn dann aber wieder reute. Der von Severin bestellte Mittelsmann, der Diakon Amantius, wollte schon unverrichteter Dinge zurückkehren. Die „Vita" sagt, dass er erst, nachdem ihm Severin in einer Vision erschienen war, die Freigabe von 70 Leuten erreichte. Der Presbyter Lucillus erzielte später noch weitere Erfolge.

Die Szene offenbart uns nicht nur wieder einmal den Bekanntheitsgrad des Heiligen auch außerhalb seiner eigenen Kreise, sondern wir erleben auch die Art seines Umgangs selbst mit höchsten Würdenträgern. Da spüren wir, dass er selbst von hohem Rang gewesen sein muss.

Das 20. Kapitel der „Vita" markiert die große Zäsur des Jahres 476. Die einleitenden Sätze seien wörtlich zitiert: „Zur Zeit, als das römische Reich noch bestand, wurden die Soldaten vieler Städte für die Bewachung des Grenzwalls aus öffentlichen Mitteln besoldet. Als diese Regelung aufhörte, verfielen zugleich mit dem Grenzwall auch die militärischen Einheiten; nur in Batavis blieb eine Abteilung auf ihrem Posten." Es wird dann geschildert, wie einige von ihnen nach „Italia" aufbrechen wollten, um noch Sold zu beschaffen, unterwegs aber von den Barbaren umgebracht wurden.

Die Bürger von Passau dachten noch nicht an die Aufgabe ihrer Stadt. Sie baten Severin sogar, er möge ihnen eine Handelserlaubnis mit den Rugiern vermitteln (Kap. 22). Er aber kündigte ihnen an, dass sie bald abziehen müssten. Das hörte man nicht gern. Und ein Priester, dem auch Severins dauernde Bußpredigten auf die Nerven gegangen waren, forderte den Heiligen selbst zum Abzug auf.

Betrübt kehrte Severin nach Favianis zurück. Batavis aber wurde durch den Germanenführer Hunumund überfallen, dabei fand u. a. der erwähnte Priester den Tod. Auch die vierzig Mann, die die Stadt bewachten, kamen ums Leben.

Die Lage wurde für die Romanen immer bedrohlicher. Ioviaco (Schlögen a. D. oder Aschach), eine Stadt „über zwanzig Meilen von Passau entfernt", war ebenfalls gefährdet und sollte geräumt werden (Kap. 24). Aber wiederum schenkte man dem gut informierten Severin keinen Glauben. Da überfielen die Heruler die Stellung, verwüsteten sie, führten die meisten Bewohner in die Gefangenschaft ab und erhängten den Priester Maximianus an einem Galgen.

Die Bevölkerung von Binnennorikum, die Severin durch Boten und Briefe ermahnte, ging auf seine Ratschläge viel bereitwilliger ein. Der Kontaktmann des Heiligen war ein gewisser Maximus, der über die Alpen gekommen war und sich einige Tage im Kloster des Heiligen aufhielt (Kap. 25). Mittels eines Briefes wurde Bischof Paulinus von Tiburnia vor den drohenden Gefahren gewarnt. Die Pläne Severins liefen offenbar darauf hinaus, sich in die Kastelle zurückzuziehen und Gottes Beistand durch ein dreitägiges Fasten zu erflehen. Paulinus sorgte für die Durchführung dieser Idee durch schriftliche Aufrufe in seiner ganzen Diözese. Bei einem Einfall der Alemannen, die auf dem Land schrecklich hausten, kamen die Bewohner der Kastelle glimpflich davon. Severins Weitblick hatte sie gerettet.

Quintanis/Künzing, etwa 35 km westlich von Passau an der Donau gelegen, konnte den anstürmenden Alemannen nicht mehr widerstehen (Kap. 27). Die Bewohner übersiedelten zunächst in das schon wiederholt schwer heimgesuchte Batavis/Passau. Als hiervon die Alemannen hörten, wollten sie diese Stadt erobern, um so „auf einmal die Bevölkerung zweier Städte ausplündern zu können". Unterstützt von den Gebeten Severins und unter Einsatz aller Kräfte gelang noch einmal die Abwehr des Feindes. Aber Severin mahnte: „Meine Söhne, schreibt den Sieg in diesem Kampfe nicht euren Kräften zu, denn ihr müsst wissen, dass ihr mit Gottes Hilfe jetzt deshalb befreit wurdet, damit ihr innerhalb kurzer Zeit, die euch gewissermaßen als Waffenstillstand bewilligt ist, von hier abziehen könnt. Geht deshalb geschlossen mit mir in die Stadt Lauriacum (Lorch) hinunter." Wenig später wurde Passau von den Thüringern überfallen. Die Zurückgebliebenen wurden niedergemacht oder gefangengenommen.

Lorch wurde als großes Auffanglager eingerichtet. Die Menschen, Einwohner wie Flüchtlinge, mussten versorgt werden. Mit vielen Schwierigkeiten gelang es Severin, noch eine Lieferung Olivenöl, das damals schon eine große Kostbarkeit darstellte, aus Italien herbeizubekommen. Die Verteilung erfolgte durch den Heiligen persönlich, und zwar in der einen der Lorcher Kirchen, der Basilika St. Laurenz (Kap. 28). Severin segnete das Öl und teilte aus. Und es reichte für viele, ja fast für alle. Erst als einer der Anwesenden, Pientissimus mit Namen, voll Staunen bemerkte: „Mein Herr, dieser Ölkrug wächst ja und rinnt wie eine Quelle!", da hörte das Öl zu fließen auf. Mit dieser „wunderbaren" Erklärung wird zum Ausdruck gebracht, dass das Öl eben doch nicht für alle reichte.

Der Kleidermangel, der sich natürlich besonders in der kalten Jahreszeit bemerkbar machte, wurde wieder durch Hilfslieferungen aus Binnennorikum behoben. Hierüber erzählt uns die „Vita" in Kap. 29. Die Durchführung des Transportes war dem uns schon bekannten Maximus anvertraut. Allen Gefahren eines kalten Winters trotzend, entschloss er sich, den Weg über die Alpen zu wagen. Mit zahlreichen angeworbenen Trägern brach er auf. Über ihre Nacken gelegt, schleppten sie die für die Armen und Gefangenen bestimmten Kleider. Viele Hindernisse mussten sie nehmen, bis sie den Hauptkamm der Alpen erreicht hatten. Der Schnee fiel dicht. Unfähig vorwärtszukommen, begaben sie sich in den Schutz eines Baumes. Als der Morgen anbrach, sahen sie nichts als Schnee. Sie befanden sich unter der Krone des mächtigen Baumes wie in einem Grab. Verzweiflung ergriff sie. Da erschien dem Maximus in einem Traumgesicht (per soporem) ein Mann in der Gestalt des Gottesmannes und sprach ihn an: „Fürchtet euch nicht und setzt die begonnene Reise fort!" So brachen sie wieder auf. Plötzlich sahen sie vor sich einen riesigen Bären. Dieser bahnte ihnen einen Pfad, bis sie von selbst den Weg wieder fanden. Als Severin von ihrer Ankunft erfuhr, rief er aus: „Gepriesen sei der Name des Herrn! Sie sollen nur kommen, denen der Bär den Weg gewiesen hat."

Im Gewand des Wunderbaren wird hier die Not der Romanen (man konnte mit der Hilfe nicht mehr bis zum Frühling warten), die gute Organisation (Sammlung und Transport), die Solidarität zwischen den Provinzen (Binnennorikum half Ufernorikum) und das Ansehen Severins (wenn er rief, war kein Einsatz zu groß) zum Ausdruck gebracht. Gleichzeitig hört man aber auch heraus, dass die gegenseitige Hilfeleistung eben doch nicht immer im gewünschten Ausmaß funktionierte. Der erhobene Zeigefinger wird deutlich sichtbar, wenn gesagt wird, das wilde Tier hätte den Menschen eine Lektion erteilt, wie sehr erst sie selber einander in Liebe beistehen sollten.

Auch Lorch war bedroht. Ein Überfall durch Alemannen war zu befürchten (Kap. 30). Die Anwesenheit so vieler Flüchtlinge und die hier angehäuften Hilfsgüter mögen den Feind angelockt haben. Die aufgestellten Spähtrupps nahmen aber nichts Verdächtiges wahr. Vier Tage lang hatte Severin die Bürger ermahnt, ihren Besitz und sich selbst hinter den Lagermauern zu bergen und die-

Severin bewirkt das Wunder der Ölvermehrung in der Basilika von Lauriacum. Nicht signierter Kupferstich (1. Hälfte 18. Jh.).

se sorgfältig zu bewachen. Nur mit Mühe gelang es Severin, sich Gehör zu verschaffen. Schließlich schickte er zur Zeit der Abenddämmerung den Mönch Valens zum Ortsbischof und ließ ihm und den Bürgern eindringlich mitteilen, sie sollten in dieser Nacht die Wachen verstärken und sich vor einem Überraschungsangriff in Acht nehmen. Wenn sie nicht „gehorchten", würden sie alle gefangen abgeführt werden.

Severin respektiert hier die Rolle des Ortsbischofs, über den die ganze Aktion gehen sollte. Ähnliches haben wir ja auch schon von Binnennorikum gehört. Andererseits wirkt Constantius wie ein Befehlsempfänger, was den Rang und die Autorität Severins erkennen lässt. Dass er einen Mönch in die Stadt (die offenbar so wie anderswo fast schon mit dem schützenden Lager identisch war) schickt, legt nahe, dass Severin außerhalb der Mauern weilt und hier Mönche verfügbar hat. Das setzt wohl die Existenz eines Klosters voraus.

Als nun alles im Lager war, kam den bedrängten Menschen ein „Zufall" zu Hilfe. Durch Unachtsamkeit entzündete ein Lastträger einen Heuhaufen in Lagernähe. Die Leute innerhalb des Lagers meinten nun, der Feind sei schon da und brachen in Geschrei aus. Die heraneilenden Alemannen aber wieder fühlten sich dadurch verraten und ergriffen die Flucht. Nach ihrem Abzug entdeckte man, dass bereits die Leitern zur Erstürmung der Mauern herbeigeschafft worden waren. Nun musste man zugeben, dass Severin mit seinen Warnungen Recht gehabt hatte. Man bat ihn um Verzeihung.

Auf die Dauer war auch in Lorch keine Bleibe mehr. Die Rugier, die vor nicht zu langer Zeit, nach dem Tod Attilas, die Freiheit aus der Knechtschaft der Hunnen erlangt, sich im Nordteil des heutigen Niederösterreich festgesetzt und sich ehemalige Römerstädte wie Favianis tributpflichtig gemacht hatten, witterten ihre Chance.

Ihr König Fewa wollte, wie wir aus Kap. 31 der „Vita" erfahren, Lauriacum in einer überraschenden Militäraktion überfallen und die Menschen im Lager festnehmen und nach Favianis zwangsübersiedeln. Das muss gegen das Jahr 480 gewesen sein. Severin, der über ein gut ausgebautes Nachrichtennetz verfügte, war hierüber informiert. Die Menschen waren aufgewühlt und baten ihn, er möge ihnen, wie so oft schon, helfen. Da sie um seine früheren guten Beziehungen zu den Rugiern, die nun allerdings als Feinde heranzogen, wussten, flehten sie ihn um Vermittlung an. Sie verrechneten sich nicht. Er eilte die ganze Nacht, um beim Morgengrauen „beim zwanzigsten Meilenstein von der Stadt weg", das mag etwa bei Mauer an der Url gewesen sein, mit Fewa zusammenzutreffen. Der König war sehr bestürzt. Wir können uns gut vorstellen, warum. Er, der überraschen wollte, war selber überrascht worden. Verlegen fragte er Severin nach der Ursache seines Kommens. Dieser antwortete: „Pax tibi, rex optime" (Der Friede sei mit Dir, bester König). Dann bekannte er sich als Gesandten Christi (Christi legatus) und bat um Barmherzigkeit für die ihm Anvertrauten. Er erinnerte Fewa an seine einst guten Beziehungen zu Flaccitheus, den Vorgänger und Vater des Königs, dessen Berater Severin so oft gewesen war. Er anerkannte die Überlegenheit der Rugier, warnte aber gleichzeitig davor, deswegen „aufgeblasen" zu sein. Es werden lange Gespräche gewesen sein, von denen uns die „Vita" nur den wesentlichen Inhalt überliefert hat.

Das Ergebnis war, dass der König schließlich zustimmte, dass Severin persönlich eine friedliche Übersiedlung nach Favianis organisieren und durchführen durfte. Der König zog mit seinem Heer ab. Er traute Severin, dass er ihn nicht hintergehen werde. Weiters erreichte der Heilige, dass das Zusammenleben der zugezogenen Romanen und der Rugier vertraglich geregelt wurde; die beiden Völkerschaften lebten nun in „wohlwollender Gemeinschaft" nebeneinander – bis zum endgültigen Zusammenbruch des Römerreichs.

Überblicken wir die „weltlichen" Leistungen Severins für Ufernorikum noch einmal, so dokumentieren sie uns eine außergewöhnliche Persönlichkeit. In einer Zeit des Umbruchs und des Zusammenbruchs, in der die Zentralgewalt ständig schwächer wurde und der Staatsapparat zusehends versagte, fiel ihm die Rolle eines „Interrex", wie ihn *E. K. Winter* einmal genannt hat, zu. Er beanspruchte für die Provinz seines Wirkens „eine mehr oder weniger autarke und autonome Stellung"; die Verteidigung seines Gebietes gelang ihm z. B. auch durch die „Mobilisierung einheimischer Kräfte" *(F. Lotter)*. Severin betätigte sich an militärischen Unternehmungen, seine Stärke lag aber noch mehr in der Organisation notwendig gewordener Hilfsmaßnahmen und in diplomatischen Aktionen. Immer wieder gelang es ihm, germanische Stämme entweder abzulenken oder sie dem Schutz der ihm Anvertrauten dienstbar zu machen. Das funktionierte einige Jahrzehnte lang. Als Severin einsehen musste, dass trotz allen Einsatzes die Provinz auf die Dauer nicht mehr gehalten werden konnte, war er Realist genug, um den etappenweisen Rückzug vor den andrängenden germanischen Völkerschaften, ja den schließlichen Abzug nach „Italia", den er selbst nicht mehr erlebte, in die Wege zu leiten.

Dass die „Vita Severini", trotz der spürbaren Abneigung ihres Autors Eugippius gegen die germanischen „Barbaren", noch erkennen lässt, wie sehr Severin über den völkischen und konfessionellen Gegensätzen stand, spricht nicht nur für die grundsätzliche Überlieferungstreue des Verfassers, sondern vor allem für die Größe Severins, der eine „Synthese von römischen, germanischen und christlichen Komponenten" vorbereitete, die das Mittelalter begründete und dann vor allem im Frankenreich realisiert wurde *(F. Lotter)*.

Mann Gottes

Heiliger Severin
Kupferstich von J. Custodi (erste Hälfte 17. Jh.).

So unmöglich es an sich ist, den „weltlichen" vom „geistlichen" Severin zu trennen, so hat diese Aufteilung doch den großen Vorteil, eine einseitige Betrachtung zu verhindern, die entweder fast ausschließlich den „politischen Menschen" sieht, oder eben nur den „frommen Mönch" und „Wundertäter". Dass die „Vita" das Schwergewicht auf den religiösen Bereich legt, ist unverkennbar. Gleich das erste Kapitel bringt das mit markanten Worten zum Ausdruck: „Er (Severin) lebte gemäß der Lehre des Evangeliums und der Apostel, ausgestattet mit aller Frömmigkeit und Sittenreinheit, und er erfüllte im Bekenntnis des katholischen Glaubens sein verehrungswürdiges Gelübde durch heilige Werke. Durch solche Übungen gestärkt, strebte er unbeirrbar nach der Siegespalme seiner übernatürlichen Berufung."

Wenn hier vom „Bekenntnis des katholischen Glaubens" die Rede ist, so hat das auch einen konfessionellen Aspekt, der dem Eugippius, dem Verfasser der „Vita", offenbar sogar besonders wichtig war. Er wollte Severins Religion abheben vom Arianertum der verschiedenen germanischen Volksstämme wie der Rugier, die er in Kap. 4, 12 der „Vita" „ketzerische Kirchenfeinde" (ecclesiae hostes haeretici) nennt. Severin selbst hätte diese Bezeichnung für die arianischen Rugier gewiss nicht gebraucht. Erinnern wir uns nochmals, wie offen er König Flaccitheus begegnete (Kap. 5). Nach Eugippius hat der Heilige die Unterredung allerdings mit dem auffallenden Satz eingeleitet: „Wenn uns der eine katholische Glaube verbände, müsstest du mich eher über das ewige Leben befragen; da du aber nur um das irdische Heil besorgt bist, eine Sache, die wir gemeinsam haben, so höre auf meinen Rat." Eugippius, der nicht Zeuge der Begegnung war, hat Severin diese Worte offenbar aufgrund seiner eigenen antiarianischen Einstellung sowie der seiner Leser im Süden „Italias", die die arianischen Ostgoten als Besatzungsmacht erlebten, in den Mund gelegt. Für sie musste er den Heiligen gewissermaßen dafür entschuldigen, dass er überhaupt mit den ketzerischen Arianern verkehrte *(R. A. Markus)*.

Wenn diese Überlegungen stimmen, dann beweist die Stelle – entgegen der Absicht des Eugippius –, dass Severin auch dem Menschen einer anderen Konfession ohne Vorbehalt begegnete. Sie wird zu einem Beleg für den ökumenischen Severin.

Die Einschätzung der Rugierkönigin Giso durch Eugippius als „wild", „bösartig" und „grausam" ist wohl ebenfalls von der religiösen Einstellung des Eugippius her zu verstehen. Giso soll es ja (nach Kap. 5 der „Vita") „neben allen übrigen Schandtaten" sogar unternommen haben, „einige Katholiken umzutaufen" (rebaptizare quosdam .. catholicos), was ihr aber schließlich von ihrem Mann „aus Respekt vor Severin" verboten wurde. Nehmen wir diesen Bericht wörtlich, dann fällt es umso mehr auf, dass Severin seinerseits keinerlei Bekehrungsversuche an Andersgläubigen vornahm. Eugippius, dem es an Emotionen gegenüber den Arianern nicht fehlte, hätte uns das nicht verschwiegen.

Um die Ausrottung heidnischer Relikte scheint Severin freilich bemüht gewesen zu sein. Das dürfte der geschichtliche Kern des in Kap. 11 der „Vita" erzählten Kerzenwunders zu Cucullis/Kuchl sein. Man hatte den Heiligen in das bedrohte Kastell in der Hoffnung gerufen, er könne die Bewohner vor der Gefahr schützen. Severin stand nämlich „in so hohem Ansehen, dass ihn die einzelnen Kastelle um die Wette einluden, als könne er ihnen die Mauern ersetzen; sie glaubten, es könne ihnen in seiner Gegenwart kein Unglück widerfahren" (Kap. 11, 1). Als er schon in Cucullis weilte, wurde ihm hinterbracht, dass an einem bestimmten Ort (quodam loco) ein Teil der Bevölkerung noch am heidnischen Opferdienst festhalte. Darauf ermahnte Severin das Volk durch zahlreiche Predigten (multis ... sermonibus), ließ durch die Priester des Ortes ein dreitägiges Fasten ansetzen und schließlich die Leute aus den einzelnen Häusern zum Abendgottesdienst ins Gotteshaus kommen. Jeder sollte eine Kerze mitbringen und diese in der Kirche an die Wand stecken. Nach Beendigung des üblichen Psalmengesanges forderte Severin die Priester und die Diakone auf, mit ihm mit ganzer Hingabe zu Gott zu beten, er möge „zur Entlarvung der Gottlosen das Licht seiner Erkenntnis leuchten lassen". Hierauf folgte die Scheidung der Geister. Die Kerzen der Gläubigen, die die Mehrzahl ausmachten, entzündeten sich von selbst, diejenigen der Anhänger des Götzenkultes, die aber zu feige gewesen waren, sich als solche zu deklarieren, blieben unangezündet. „Durch dieses Gottesurteil entlarvt ... verrieten sie sodann die Geheimnisse ihres Herzens ... und gestanden ihren Götzendienst." „So ließ das sichtbare Licht den Stoff des Wachses zu Flammen schmelzen, während das unsichtbare die Herzen der Geständigen in Tränen auflöste."

Eugippius beruft sich für seine Erzählung auf den aus Kuchl stammenden Mönch Marcianus. Die Predigt des Heiligen und das Gebet hatten also die Geister geschieden und in der Folge zur Bekehrung einiger geführt. Es ist eine regelrechte Erweckungsgeschichte einschließlich der zugehörigen Bekenntnisse, die uns hier symbolhaft in der Form des Kerzenwunders berichtet wird.

Severin unterrichtet das Volk im Christentum
Lithographie aus: Anton Ziegler, Vaterländische Bilderchronik, Wien 1843-1846.

Der predigende Severin ist ein häufiges Thema der Kunst. Die Literatur hat dieser Tätigkeit des Heiligen weniger Beachtung geschenkt. Obwohl Severin Laie war, ergriff er immer wieder, wie wir gesehen haben, auch in der Kirche das Wort.

Die Lebensregel, die der Heilige offenbar nicht müde wurde zu verkündigen, lautete: Fastet, betet, seid barmherzig! Wir kennen sie schon von seinem ersten Auftreten in Asturis und Comagenis

(Kap. 1 – 2). In Asturis sagte er den im Gotteshaus versammelten „Ältesten" aus Klerus und Bürgerschaft in aller Demut des Geistes, dass sie nur durch Gebet, Fasten und gute Werke der drohenden Feindgefahr entgehen könnten. Auch in Comagenis betrat er nach seiner Ankunft sogleich die Kirche und richtete die gleiche Mahnung an die schon hoffnungslos gewordenen Menschen. In diesem Zusammenhang wird Severin übrigens als „homo dei", „dei famulus" und „vir dei", also als Mann bzw. Diener Gottes, apostrophiert, eine Bezeichnung, die in der „Vita" immer wiederkehrt.

Die Forschung hat uns vorsichtig gemacht gegenüber den Worten, die Eugippius den hl. Severin sprechen lässt. Es muss sich dabei nicht immer um authentische Äußerungen des Heiligen handeln. Umgekehrt dürfte aber der Kern seiner Botschaft richtig überliefert worden sein, kann sich doch Eugippius auf die Zeugenschaft der Jünger Severins berufen. Im einzelnen mögen zwar manche Worte bei ihrer Weitergabe (unbewusst) gängigen Formulierungen angepasst worden sein, um der Zielsetzung der „Vita" zu genügen; die Anliegen des Heiligen dürften sie trotzdem zur Sprache bringen.

Die Formel vom „Fasten, Beten und Almosengeben" war wohl schon zur Zeit Severins etwas abgegriffen. In seinem Mund aber wirkte sie nicht abgegriffen, weil er sie mit Leben erfüllte, weil er ihre Verwirklichung exemplarisch vorlebte. In moderner Sprache ausgedrückt, könnte man den Aufruf des Heiligen vielleicht so formulieren: Sich selbst unter Kontrolle halten, mit Gott in Verbindung bleiben und den andern in seiner Not nicht allein lassen. Ein solches Programm veraltet nicht. Trotzdem fand er dafür nicht immer geneigte Ohren. In Passau sagte dem Heiligen einmal ein Priester (Kap. 22): „Geh, ich bitte dich, Heiliger, und zwar schnell, damit wir uns nach deiner Abreise von all dem Fasten und Nachtwachen etwas erholen können." Nach der „Vita" wurde dieser Priester später bei einem Feindeinfall neben den 40 Mann der Bewachungstruppe im Baptisterium niedergemacht.

Das Leben „gemäß der Lehre des Evangeliums und der Apostel" bedeutete für Severin ganz konkret ein Leben nach den Idealen des Mönchtums. Kunst und Kult haben den Heiligen vor allem als den „Mönch" gesehen. Unseren Vorstellungen von einem „Ordensmann" entspricht der Heilige allerdings kaum, und zwar nicht nur, weil es damals noch keine „Orden" gegeben hat; Severin blieb ja auch als der „Mann Gottes", wie uns gerade das vorhergehende Kapitel gezeigt hat, dauernd aktiv. Er stand den bedrängten Romanen in all ihren Nöten und Sorgen stets zur Verfügung. Dass er Bekanntschaft mit dem Mönchswesen des Ostens gemacht hatte, bezeugt Eugippius (Brief an Paschasius) mit Berufung auf Severins eigene Aussagen.

Auch die Berichte der „Vita" vom „Klostergründer" Severin sind unverdächtig. Das größte dieser Klöster errichtete er zu Favianis an der Donau „unfern der Stadt" gegenüber dem rugischen Herrschaftsgebiet. Die „Vita" bezeichnet dieses Kloster als „alt" (antiquum, Kap. 22). Gab es hier vielleicht schon eine Tradition, an die Severin anknüpfen konnte? In Favianis begann Severin viele Männer „entsprechend seinem heiligen Gelübde (sancto proposito) zu unterweisen und die Seelen seiner Hörer mehr durch Taten als durch Worte zu schulen" (Kap. 4, 6). Daraus darf man vielleicht schließen, dass es für die Mönche Severins noch keine geschriebene Regel gab. Das Vorbild des Meisters, die Lehre des Evangeliums und der Apostel (Kap. 1) und das Beispiel der östlichen Mönche (beatorum patrum vestigiis inhaerere, Kap. 9) mögen ihnen als Richtschnur für ihre Lebensführung genügt haben. Obwohl Eugippius, der Abt von Lucullanum, selbst der Verfasser einer Mönchsregel ist, die kürzlich wiederentdeckt wurde, beruft er sich in ihr nie auf

Severin. Hätte eine schriftliche Regel des Heiligen existiert, hätte man sie gewiss als kostbares Vermächtnis gehütet und 488, beim Abzug nach „Italia", nicht zurückgelassen.

Von einer zweiten Klostergründung erfahren wir in Kap. 22 der „Vita". „Außerhalb der Stadtmauern von Batavis (Passau), an einem Ort namens Boiotro jenseits des Inn (Passau-Innstadt)", hatte „er selbst eine kleine Zelle für ein paar Mönche erbaut" (ubi cellulam paucis monachis ipse construxerat). Kap. 19 spricht fast mit den gleichen Worten von einem Klosterbau in Passau selbst. Die geographische Nähe der beiden Siedlungen und die Übereinstimmung im Wortlaut der zwei Erzählungen legen freilich nahe, dass wir es hier mit Dubletten zu tun haben. Die exakteren Angaben für „Boiotro" sowie der jüngste archäologische Befund machen es sehr wahrscheinlich, dass es dieser Ort ist, der für das Severinkloster in Frage kommt. Die auf Passau bezogene Dublette ist aber nicht wertlos, weil sie einen interessanten und sehr glaubwürdigen Hinweis bringt; sie erwähnt nämlich, dass der Heilige die Klostergründung „in gewohnter Weise" (solito more) durchgeführt habe. Demnach gehörte das Klostergründen sozusagen zu seinem Geschäft. Wir werden daher auch mit anderen klösterlichen Niederlassungen, selbst wenn solche in der „Vita" nicht ausdrücklich genannt werden, rechnen müssen.

Jedenfalls darf man in Iuvavo/Salzburg und in Lauriacum/Lorch weitere „cellulae" vermuten. Dort werden eine „cellula sancti viri" (Kap. 14) und eine „basilica" erwähnt; hier wird – und zwar von außerhalb der Stadt, wo sich die Klosterbauten für gewöhnlich befanden – ein Mönch (Valens) zum Bischof (Constantius) hineingeschickt (Kap. 30,2). Und auch in diesem Fall ist eine „basilica" vorhanden (Kap. 28). Man hat beobachtet, dass Eugippius zwischen „ecclesia" (Gemeindekirche) und „basilica" (Klosterkirche) differenziert. Die Terminologie der „Vita" ist allerdings nicht sehr konsequent, und gerade bei Lorch muss uns die Formulierung „in una basilica", die die Existenz von mindestens zwei „basilicae" erwarten ließe, vorsichtig machen. Eine gewisse Vorliebe mag sich bei der Wahl der Begriffe trotzdem abzeichnen. Bei Lorch setzen eigentlich auch die Existenz eines Flüchtlingslagers und die Fülle der hier durchgeführten karitativen Aktionen ein Kloster voraus, da sich Severin bei dieser seiner Fürsorgetätigkeit vornehmlich der Mönche bediente. Ja es ist geradezu unwahrscheinlich, dass das damals als Hauptstadt der Provinz fungierende Lorch ohne klösterliche Niederlassung gewesen sein soll.

Die mönchischen Gemeinschaften Ufernorikums waren einander zugeordnet. Favianis war das Hauptkloster, die übrigen „cellulae" waren Ableger. Sie alle unterstanden Severins Befehl; er selbst war jedoch keinem der Klöster völlig integriert. Er zog es vor, abgesondert zu leben. Ohne die Ausdrücke pressen zu wollen, könnte man sagen, dass sein Ideal an sich das Anachoretentum (Einsiedlerleben) war, während seine Mönche der koinobitischen Lebensform (gemeinsames Leben) verpflichtet waren. Wir erfahren in Kap. 4 der „Vita", dass sich Severin vom Kloster in Favianis immer wieder in eine kleine Zelle an einem einsamen Ort „Zu den Weinbergen" zurückzog (in locum remotiorem secedens, qui ad Vineas vocabatur, cellula parva contentus). Das Volk nannte seine einsame Behausung (secretum habitaculum) „burgus". Diese Bezeichnung lässt aufhorchen. Es handelt sich um ein germanisches Wort, das im heutigen „Burg" noch weiterlebt. Man darf also annehmen, dass Severin eine ehemalige Befestigungsanlage, etwa ein kleiner Wachtturm am Limes, zum Aufenthalt diente. Von der Trajanssäule in Rom kennen wir Darstellungen von solchen von Palisadenzäunen umgebenen Türmen mit den Maßen von etwa 4 mal 5 m im Grundriss.

Severin, „Apostel von Österreich“, als Wohltäter
Kupferstich von S. Langer, Wien (frühes 19. Jh.).

Zu den Gebetszeiten am Morgen und Abend gesellte sich Severin zu seinen Mönchen, während er die übrigen Gebete in seinem kleinen Oratorium (in parvo oratorio) verrichtete, in dem er wohnte (Kap. 39). Severin bevorzugte das Leben in der Zurückgezogenheit, um sich „ungestört von der Menschenmenge ... in unablässigem Gebet enger an Gott anschließen zu können. Aber je mehr er wünschte, in Einsamkeit zu leben, umso mehr wurde er durch häufige Offenbarungen ermahnt, der bedrängten Bevölkerung seine Gegenwart nicht zu entziehen". Nach Kap. 9 der „Vita" lehnte der Heilige die ihm (vom Volk) angetragene Bischofswürde ab, weil es ihm schon genügte, dass er, „der ersehnten Einsamkeit beraubt, auf Gottes Geheiß in diese Provinz (Ufernorikum) gekommen sei, um bei den häufigen Wirren der Unruhestifter zugegen zu sein".

Severin wird wiederholt „Magister" oder „Doktor" genannt, seine Mönche aber „Schüler". Auch wenn diese Terminologie von Eugippius stammen mag, lässt sie die tatsächlichen Verhältnisse erkennen. Die Mönche „hören" auf Severin, er aber „verfügt" über sie. Dabei wird der Heilige nie als „Abt" bezeichnet. (Das einzige Mal, wo dieses Wort aufscheint, ist es offenbar auf Valentin, den ehemaligen Bischof von Rätien, zu beziehen; Kap. 41.) Das gibt vermutlich die Situation exakt wieder. Eugippius, der mit der Biographie Severins seinen Mönchen in Lucullanum ein Vorbild vor Augen stellen wollte, hätte sich wohl die Chance nicht entgehen lassen, ihnen den Heiligen als „Abt" eines Klosters zu schildern, wenn er dafür Anhaltspunkte gehabt hätte.

Obwohl Gebet und Gottesdienst (opus dei) bei Severin und seinen Mönchen eine überaus große Rolle spielen und selbstverständlich jedes Kloster eine Kirche (basilica) besitzt, ist es ein höchst aktives Mönchtum, das die „Vita" beschreibt. Für den persönlichen Einsatz Severins bei der Linderung der Not der Bevölkerung hat das vorige Kapitel zahlreiche Beispiele gebracht. Wir brauchen sie nicht zu wiederholen. Hier sei eine Stelle aus der „Vita" eingefügt, die mit unsterblichen Worten zum Ausdruck bringt, wie nahe dem Heiligen das Schicksal seiner Mitmenschen ging:

„Durch Christi Gnade mit solchen Gaben reich ausgestattet, kümmerte sich nun der hl. Severin in seiner angeborenen Milde um die Gefangenen und Bedürftigen so sehr, dass beinahe alle Armen in sämtlichen Städten und Kastellen dank seiner Fürsorge ernährt wurden. Ihnen diente er mit so freudigem Eifer, dass er sich nur dann gesättigt (und überreich an allen Gütern) dünkte, wenn er sah, dass die Leiber der Bedürftigen ernährt wurden. Und während er selbst durch wochenlanges Fasten nicht im mindesten entkräftet wurde, fühlte er sich andererseits vom Hunger der Armen angegriffen. Seine so liebevolle Freigebigkeit gegenüber den Armen sahen sehr viele Leute, und obwohl man infolge der harten Herrschaft der Barbaren Hungersnöte zu ertragen hatte, lieferten sie doch aufs Bereitwilligste den Zehent von ihren Feldfrüchten für die Armen ab ... Auch die Kälte verspürte der Mann Gottes nur in der Nacktheit der Armen, hatte er doch von Gott die besondere Gabe empfangen, sich infolge erstaunlicher Abhärtung auch in dieser außerordentlich kalten Gegend rüstig und munter zu erhalten ..." (Kap. 17).

Nach Severins Beispiel übten sich auch die Klöster in Werken der Nächstenliebe. Zur Klosteranlage von Favianis gehörte offenbar auch ein Spital, in dem z. B. ein kranker Rugier mehrere Tage Aufnahme fand (Kap. 6); einmal hören wir sogar von der Ausgabe von Medikamenten (Kap. 39). Gäste wie Paulinus und Maximus aus Binnennorikum konnten im Kloster untergebracht werden, dort ist also mit einer Herberge zu rechnen (Kap. 15).

Zur Versorgung der Bedürftigen musste man auch Vorräte speichern (Kap. 44), was Lagerräume voraussetzt. Der Klosterpförtner geht zur Obsternte (Kap. 10); es scheint also, dass man auch Landwirtschaft betrieb. Dass Antonius von Lerins durch Severin erzogen wurde, wie uns Ennodius berichtet, und dass in der „Vita Severini" mehrmals eine Korrespondenz sowie die Lektüre der Hl. Schrift erwähnt werden, lässt eine zumindest bescheidene Klosterkultur (Unterricht, Schreibtätigkeit) vermuten. Vor allem aber widmeten sich die Mönche karitativen und politischen Aufgaben.

Wenn wir den in der „Vita" namentlich angeführten Severinsmönchen nachgehen, lässt sich so etwas wie ein (wenn auch sehr unvollständiges) „Konventualenverzeichnis" zusammenstellen. Da ist der Diakon Amantius, den Severin für die gefahrvollen Verhandlungen mit dem Alemannenkönig Gibuld um die Freilassung der Gefangenen verwendet (Kap. 19). In gleicher Mission treffen wir später den Presbyter Lucillus an (Kap. 19), der älter ist als Severin und einst ein Jünger des hl. Valentin, des Bischofs beider Rätien, war (Kap. 41); er wurde Vorsteher des Klosters in Favianis und, nach dem Abzug der Romanen, auch noch im Kastell Montefeltre, das den Mönchen vorübergehend als Kloster diente. Der aus Kuchl stammende Marcianus (Kap. 11), später Presbyter (= Abt) in Montefeltre und Lucullanum (Kap. 37 und 46) sowie dessen Bruder Renatus (Kap. 37) fungierten in gefährlicher Lage als Boten nach Binnennorikum (Kap. 37). Der „Barbar" (Germane) Bonosus, ein treuer Hörer der Botschaft des Heiligen (qui responsis eius inhaerebat), wird ausdrücklich „Severinsmönch" (monachus beati Severini) genannt. Den Mönch Valens kennen wir schon als Botengänger zu Bischof Constantius von Lorch (Kap. 30). Erwähnt werden schließlich noch der Klosterpförtner Maurus (Kap. 10) und ein „Bruder" namens Ursus (unus ex fratribus, Kap. 38). So spärlich diese Nachrichten auch sind, so belegen sie uns doch – wie bei Severin selbst – ein sehr aktives Mönchtum im Dienste der Mitmenschen. Man ist auch noch nicht unbedingt an einen Ort gebunden, sondern begibt sich dorthin, wo man gerade gebraucht wird.

Die Aszetik Severins, auf die schon mehrmals verwiesen wurde, findet in seiner Lebensregel („Bete, faste, sei barmherzig!"), die GOTT, das ICH und das DU gleichermaßen umfasst, ihren prägnantesten Ausdruck. Severin ist selbst ein Mann des Gebetes, und er fordert auch seine Mönche und Mitmenschen unablässig zum Gebete auf. Er führt persönlich ein sehr genügsames Leben, und er verlangt auch von den andern, dass sie sich kasteien und den Notleidenden helfen. Weiters erzählt die „Vita", dass Severin seinen Körper häufig „dem Fasten unterwarf", ja tagsüber grundsätzlich nichts aß, sondern erst bei Sonnenuntergang; dass er in der Fastenzeit nur einmal pro Woche Nahrung zu sich nahm (Kap. 4 und 39); dass er selbst im härtesten Winter barfuß ging (Kap. 4); dass er nur ein einziges Kleid besaß, das er Tag und Nacht trug; und dass sein Bett bloß aus einem auf den Fußboden seines „Oratoriums" ausgebreiteten Kotzen bestand (Kap. 39). Zu dieser Gnadengabe der Entsagung (Kap. 4,9) kam die Fähigkeit, häufig Tränen zu vergießen (Kap. 4,12; 9,5: „gratia lacrimarum"; 11,3 und 5; 14,2f.; 39,2; 43,5). Das sind für das Eremitentum typische Züge. Und so wenig man daran zu zweifeln braucht, dass damit auch eine Richtung im Leben Severins zum Ausdruck kommt, so wenig wird man aufgrund der offensichtlichen Stilisierung der Berichte nach dem damaligen Ideal des Mönchtums jede einzelne Aussage pressen und wortwörtlich nehmen dürfen. Demnach kann man z. B. aus dem Bericht, dass Severin selbst im grimmigen Winter barfuß ging, kein Argument gegen die Identifizierung des in Mautern ergrabenen und mit einer Fußbodenheizung ausgestatteten Klosterbaus mit dem Favianis der „Vita" ableiten.

Ein auffallender Zug im Leben Severins ist seine Heiligen- bzw. Reliquienverehrung. Er billigt

Severin nimmt Reliquien in Empfang
Holzschnitt von Martin Speer nach einer Zeichnung von Bonaventura Emler, Wien 1863.

den feierlichen Gottesdienst zum Gedächtnis an den hl. Valentin, den Bischof beider Rätien und nachmaligen Abt (Kap. 41), er empfiehlt das Vorbild der heiligen Väter zur Nachahmung (Kap. 1), und er verehrt die heiligen Martyrer. So „hinterlegte" er z. B. in der von ihm erbauten Klosterkirche von Favianis „unter Assistenz der Geistlichkeit" Reliquien der Mailänder Stadtpatrone Gervasius und Protasius und zahlreicher anderer Martyrer (Kap. 9). Für die Basilika zu Boiotro/ Passau-Innstadt lässt ihn die „Vita" wegen der Gefährdung des Ortes zwar davon abraten, sich noch um Reliquien zu mühen (Kap. 22); der archäologische Befund beweist jedoch, dass solche vorhanden waren. Es wird sich um Reliquien Johannes' d. T. handeln, auch wenn diese in Kap. 23 auf Favianis bezogen werden. Kap. 9 und 23 stellen nämlich Dubletten dar, in denen konkrete Details verwechselt wurden (einmal Favianis, das andere Mal Boiotro; einmal Gervasius und Protasius, das andere Mal Joh. d. T.). Das davon unabhängige Kap. 22 nimmt den „Segen des hl. Johannes", der sich „von selbst einstellen" werde, ausdrücklich für Boiotro in Anspruch.

Welch große Liebe zu den Reliquien Severin seinen Mönchen vermittelte, geht nicht nur daraus hervor, dass sie 488 beim Abzug der Romanen auch den Leib ihres Meisters mitnahmen. Bei der Translation der Severinreliquien nach Neapel zu Beginn des 10. Jh.s erwähnt Johannes Diaconus in seinem Bericht ausdrücklich auch Reliquien Johannes' d. T. und der Martyrer Gervasius und Protasius. Offenbar hatte man diese Reliquien nicht in Norikum zurückgelassen, sondern sie als kostbares Erbe mit in den Süden geführt.

Mit keinem Wort bietet die „Vita" einen Hinweis dafür, dass Severin etwa dem „geistlichen Stand" angehört hätte. Trotzdem galt er auch im kirchlichen Bereich als große Autorität. Man wundert sich daher nicht, dass ihm, wie schon erwähnt, die Bischofswürde angetragen wurde (Kap. 9). Er lehnte sie jedoch entschieden ab. Ob man daraus eine Distanz zur Amtskirche ablesen kann, halte ich für fraglich, lässt doch die „Vita" ausdrücklich erkennen, dass sein Motiv eher in seiner Befürchtung, damit endgültig wieder auf das von ihm angestrebte Leben der Zurückgezogenheit verzichten zu müssen, zu suchen ist. Er, der in politischer Funktion schon einmal im Rampenlicht gestanden war, wollte nun in der Kirche nicht noch einmal eine ähnliche Rolle übernehmen und so erneut auf das Podest gehoben werden.

Wieviel Severin auch im kirchlichen Bereich galt, erweist sein Verhalten gegenüber den Bischöfen Paulinus von Tiburnia (Binnennorikum) und Constantius von Lauriacum. Beiden erteilt er Aufträge. Gerade das zeigt aber auch, dass er sich an die offiziellen kirchlichen Ordnungskräfte – sogar wenn es sich um die Verteidigung der Kastelle handelte – hielt. Er respektierte also diese Instanzen.

Bei der Bestellung des Paulinus zum Bischof von Tiburnia ist sogar eine Mitwirkung Severins recht wahrscheinlich. Unmittelbar vorher kommt nämlich Paulinus zu Severin nach Favianis und bleibt einige Tage bei ihm. Dann „prophezeit" ihm der Heilige die bevorstehende Erwählung zum Bischof durch die Bürger von Tiburnia, die nach seiner Rückkehr auch prompt erfolgte. Die Gespräche (Verhandlungen) in Favianis hatten offenbar das Ziel gehabt, Paulinus zur Annahme der Bischofswürde zu bewegen. Tatsächlich äußerte Severin – nach dem Bericht des Eugippius – die Befürchtung, dass sich Paulinus ev. sträuben könnte. Die ganze Szene dürfte in einer vorausgehenden Kontaktnahme zwischen Severin und den Bewohnern von Tiburnia ihren realistischen Hintergrund haben (Kap. 21).

Einige Konflikte Severins mit Geistlichen, die in Verkennung der Situation seine Strenge ablehnten (z. B. Kap. 22), bedeuten keineswegs eine prinzipielle Reserve des Heiligen gegenüber dem Priesterstand, finden sie doch in deren Fehlverhalten ihre hinreichende Erklärung.

Eugippius will uns, wie schon mehrmals betont wurde, den „geistlichen" Severin vor allem als „Wundermann" schildern; seine wunderbaren Taten und Heilungen (res mirabiles ... sanitatum remedia) sollten vor der Vergessenheit bewahrt bleiben, weil sie in hohem Maße geeignet seien, „die Sinnesart der Guten zu veredeln". Aufgrund der staunenswerten Leistungen, die Severin mit Gottes Hilfe vollbrachte, erschien er selbst ihnen als ein „staunenswertes Wunder" (stupendum miraculum, Kap. 6,4). Dabei weist aber Eugippius nachdrücklich darauf hin, dass es der Heilige stets zurückwies, als Wundertäter angesehen zu werden.

Kap. 6 berichtet vom Zulauf schwerkranker Rugier zu Severin in Favianis; einige von ihnen erlangten die Gesundheit wieder. Ein Rugier, der schon „zwölf Jahre an unglaublichen Knochenschmerzen litt" (per annos duodecim incredibili ossium dolore contritus), wurde von seiner Mutter, die Witwe war, zu Severin gebracht (Kap. 6). Der Gottesmann (vir dei) antwortete jedoch: „Was bedrängt man mich aufgrund einer trügerischen Meinung? Warum traut man mir Dinge zu, die ich nicht kann? Es liegt nicht in meiner Macht, so Großes (tam grandia) zu tun." (Eine allzu magische Auffassung von Severin als Wundertäter lässt diese seine Worte außer Betracht.) Der rugischen Witwe erteilte der Heilige den Rat, entsprechend ihrem Vermögen den Armen zu geben. Daraufhin

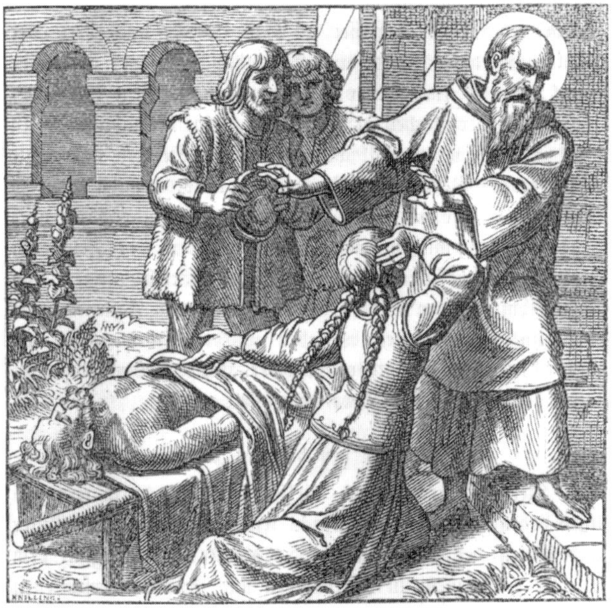

Vor der Heilung eines gelähmten Rugiers durch den hl. Severin. Holzschnitt von Nikolaus Knilling in: Magnus Jocham, Bavaria Sancta, München 1861.

wollte sie sofort ihre (wohl kostbaren) Kleider ausziehen und sie den Bedürftigen schenken. Severin sagte ihr, sie solle diese Werke der Barmherzigkeit später vollbringen. Den Kranken behielt er ein paar Tage bei sich (im Klosterspital?). Wie ge-wöhnlich (de more) ordnete er einige Tage Fasten an. Dann konnte der junge Mann gesund entlassen werden. Severins Ruf aber verbreitete sich daraufhin so sehr, „dass das ganze Rugiervolk (universa Rugorum gens) den Diener Gottes immer wieder aufsuchte, um ihm seine Ergebenheit zu bezeugen und Hilfe für seine Leiden zu erbitten".

Ganz Ähnliches erfahren wir in Kap. 14. Eine hoffnungslos erkrankte Frau wurde vor die Tür der Zelle Severins gelegt. Wiederum sagte er: „Was verlangt ihr von einem kleinen Mann so Großes?" Als man ihm versicherte, welches Vertrauen man auf sein Gebet habe, und als schließlich die Heilung wirklich erfolgt war, sprach Severin: „Bringt nichts von all dem in Zusammenhang mit meinem Wirken. Ihr selbst habt euch nämlich diese Gnade durch euren heißen Glauben verdient."

Nach Kap. 33 wurde der schwerkranke Sohn eines vornehmen Rugiers (unus ex optimatibus Felethei regis) durch den Glauben seines Vaters und die Gebete der Anwesenden von seinem schweren Leiden befreit. Weiters erhielt ein Aussätziger „durch die Gebete des seligen Mannes" seine Gesundheit zurück (Kap. 34).

So wenig man daran zu zweifeln braucht, dass durch Vermittlung Severins Krankenheilungen erfolgten, so sehr fällt auch auf, wie stark diese Wundererzählungen in der „Vita" biblischen Berichten angepasst sind. Man erinnert sich z. B. an die wunderbare Heilung eines Gichtbrüchigen durch Jesus (Mt 9, Mk 2, Lk 5) oder an die Totenerweckung des Jünglings von Naim, der ebenfalls der einzige Sohn einer Witwe war (Lk 7). Wie im Evangelium ist der entscheidende Faktor stets der Glaube. Zwischen den Zeilen kann man aber auch die Anwendung natürlicher Heilmittel herauslesen: der Sohn der Rugierin wird z. B. drei Tage in klösterlicher Pflege behalten.

Die Heilungen erfolgten auch nicht in jedem Fall. Der Mönch Bonosus z. B. bleibt blind und wird von Severin belehrt, er möge lieber darum beten, „im inneren Schauen" Fortschritte zu machen. „Infolge dieses mahnenden Hinweises bemühte er (Bonosus) sich also, mehr mit dem Herzen als dem Leibe nach zu sehen (corde magis videre quam corpore)." Mit Erfolg! Fast vierzig

Jahre weilte er noch im Kloster, wo er schließlich „in demselben heißen Glauben verstarb, den er bei seiner Bekehrung erlangt hatte" (perseverans eodem quo conversus est fidei calore transivit, Kap. 35).

Die Heilungsberichte der „Vita" sind die gestaltgewordene Erinnerung an die große Fürsorge Severins gegenüber den Kranken. Sicherlich sind spektakuläre Erfolge zu verzeichnen gewesen; sie wurden dann im Verlauf des Weitererzählens nach biblischen Mustern stilisiert. Es sei nochmals festgehalten, dass Severin selbst die „res mirabiles" nicht als persönliche Leistungen ansah, sondern ihren Grund im Glauben der Kranken und ihrer Angehörigen, also letztlich bei Gott suchte, denn Gott ist das Ziel des Glaubens. Wie wenig „wundersüchtig" eigentlich auch Eugippius war (trotz seines erklärten Vorhabens, die Wundertaten des Heiligen aufzuzeichnen), geht hervor aus dem Vergleich zu anderen Hagiographen der Zeit (z. B. Sulpicius Severus, Autor der Schriften über den hl. Martin), die ihn in Anzahl und Art der berichteten Wunder bei weitem übertreffen.

Ein vornehmes Paar sucht Hilfe beim hl. Severin
Nicht signierter Kupferstich (um 1680).

Die Heilungen, die durch Severin gewirkt wurden, überraschten die Einbildungskraft des Volkes so sehr, dass es fast nichts Wunderbares gab, das man ihm nicht zugeschrieben hätte. Das ist sicherlich auch der geschichtliche Hintergrund für die Totenerweckung des Priesters Silvinus in Quintanis/Künzing (Kap. 16). Der Verstorbene lag aufgebahrt in der Kirche. Die ganze Nacht hindurch wurden die üblichen Psalmen gebetet. Als der Morgen zu dämmern begann, schickte Severin alle Anwesenden, mit Ausnahme eines Priesters, eines Diakons und zweier Pförtner, hinaus. Doch eine „Nonne" hielt sich verborgen. Als auch sie weggeschickt war, flehte Severin mit den Anwesenden zu Gott, er möge ein Werk seiner Allmacht vollbringen. Nachdem der Priester das Gebet vollendet hatte, sagte Severin zu dem Toten: „Im Namen unseres Herrn Jesus Christus, heiliger Priester Silvinus, sprich mit deinen Brüdern." Der Tote öffnete die Augen. Die Anwesenden konnten vor Freude kaum zurückgehalten werden. Severin fragte den Silvinus, ob er wünsche, seinen Brüdern erhalten zu bleiben. Doch dieser bat inständig, man solle ihn nicht länger zurückhalten und so der Anschauung Gottes berauben. Hernach entschlief er wieder. Severin ließ die Zeugen schwören, bis nach seinem Tode nichts darüber zu erzählen. Eugippius beruft sich für die Begebenheit auf den Bericht des Subdiakons Marcus (wohl eines Mönches) und des Pförtners Maternus.

Zur Erklärung des Geschehens schließe ich mich *Baudrillart* an. Er schreibt: „Der Bericht ist in einer gewissen Hinsicht sehr instruktiv. Er bezeugt uns, wie weit der Glaube der Freunde des Heiligen an dessen wunderbare Kraft gehen konnte. Die Angabe der Zeugen, der Ton der Erzählung, die eindeutig ist wie ein Protokoll, gestatten es nicht, wenn man das ganze Feld frei von Vermu-

Der hl. Severin erweckt den Presbyter Silvinus zum Leben.
Stahlstich von Carl Mayer nach einer Zeichnung von Andreas Müller (Mitte 19. Jh.).

tungen lässt, in Abrede zu stellen, dass da nicht wenigstens ein Wahrheitsgrund vorhanden war."

Als „Ingenieur" erleben wir Severin in Quintanis/Künzing (Kap. 15). Die dortige Pfahlkirche, die häufig von Überschwemmungen des Flüsschens Businca (der heutigen Ohe) heimgesucht wurde, war mit einem bloßen Bretterboden ausgestattet. Der Heilige wunderte sich und fragte nach dem Grund. Als man ihm darauf von den Hochwassern erzählte, gab er genau jene Arbeiten an, die auszuführen waren, um in Hinkunft dem Übel zu entgehen. Nach Eugipp sagte er: „So legt denn in Christi Namen über die Dielen einen Estrich; ihr werdet schon sehen, dass der Fluss von jetzt ab auf himmlisches Geheiß ferngehalten wird." Dann schlug er mit einem Beil ein Kreuzzeichen in die Pfähle und sagte zum Fluss: „Niemals mehr soll dich mein Herr Jesus Christus dieses Zeichen übersteigen lassen." Die „Vita" hält es für ein Wunder, dass in der Folgezeit das Wasser nie mehr Schaden anrichtete.

So wie die Heilungen Ausdruck der Fürsorge Severins für die Kranken sind, so sind es manche Naturwunder für seinen Einsatz für die Armen. Wir haben oben schon aufzuzeigen versucht, was dem Ölwunder von Lauriacum/Lorch zugrundeliegt. Der Kleidertransport aus Norikum (Kap. 29) und die Getreidelieferung aus Rätien (Kap. 3), beides wurde schon erzählt, erschienen den Zeitgenossen ebenfalls als große Wundertaten des Heiligen. Auch ein Strafwunder, wie der Befall der Felder mit Getreiderost für die Säumigen bei der Zehentablieferung in Lorch, signalisiert das Bemühen Severins um die Versorgung der Bedürftigen. Tatsächlich gelingt es ihm, die Unwilligen zu einer Umkehr ihrer Haltung zu bewegen. Er gebraucht die Worte: „Wenn ihr den Zehent für die Armen abgeliefert hättet, würdet ihr euch nicht nur ewigen Lohnes erfreuen, sondern könntet auch die irdischen Güter in Überfluss haben" (Kap. 18). Zwar geht es dem Heiligen auch darum, die Menschen vom Irdischen weg auf das Himmlische zu verweisen, er will aber damit gleichzeitig zum Dienst am notleidenden Mitmenschen aufrufen.

Der tiefere Sinn der Wundererzählungen, wie er uns z. B. schon am Kuchler Kerzenwunder aufgegangen ist, wird uns in einer anderen Szene überaus anschaulich dargestellt. Der Acker eines Mannes, der mehr auf seine eigene Kraft als auf Gott vertraute, wurde von Heuschrecken befallen, die Felder seiner Mitbürger hingegen nicht. Die Erzählung (Kap. 12) berichtet: Heuschreckenschwärme verwüsteten das Land. Die Bewohner riefen Severin zu Hilfe. Seiner Gewohnheit gemäß forderte er sie zu Gebet und Buße auf. Sie sollten sich in der Kirche versammeln und dort beten, aber niemand sollte auf die Äcker gehen. Ein Mann nun folgte nicht und vertrieb den ganzen Tag über die Heuschrecken von seinem Acker. Als er nun zum hl. Abendmahl in die Kirche kam, fraßen währenddessen die Heuschrecken seine Ernte auf. Die übrigen Äcker blieben verschont. Severin nahm das zum Anlass, um alle zu ermahnen, ihr Vertrauen nicht auf ihr eigenes Tun, sondern auf Gottes Macht zu setzen; auch sollten sie den armen Mann nicht verhungern lassen, sondern ihm von ihrer Ernte geben. Diese Perikope ist die Gestalt gewordene Predigt Severins: Vertraut auf Gott und helft dem Mitmenschen!

Severin und der Mönch Marcian befreien das Land von einer Heuschreckenplage
Kupferstich, ursprünglich von Rafael Sadeler d. Ä. (1615), neu aufgestochen 1704.

Tod und Vermächtnis

Ein erfülltes Leben lag hinter ihm, als der Heilige seinen Tod herannahen fühlte. Wiederholt wies er mit „liebevoller Freundlichkeit" (dulcedine caritatis) auf seinen baldigen Heimgang hin (Kap. 40). Als etwa zwei Jahre vor Severins Tod der Presbyter Lucillus das Gedächtnis an die Beisetzung des hl. Valentin, eines ehemaligen Abtes und einstigen Bischofs beider Rätien, feierlich begehen wollte, gestattete ihm dies der Heilige; gleichzeitig übertrug er ihm im Hinblick auf sein bevorstehendes Sterben die Sorge für seine eigenen Vigilien „am gleichen Tage" (d. h. an einem 7. Jänner). Lucillus, der hierüber erschüttert war, meinte, dass doch er als altersschwacher Mensch (homo decrepitus) wohl früher sterben werde.

Doch Severin beharrte auf seiner Aussage (Kap. 41). Die letzte Sorge des Heiligen galt seinem Kloster und seinen Landsleuten. Zum Schlusse seines Lebens bat er das rugische Königspaar Feletheus (Fewa) und Giso zu sich. Er gab den beiden Ratschläge für ihre weitere Regierung. Gegenüber Giso sparte er – nach der Darstellung des Eugippius – auch nicht mit Vorwürfen: sie habe Unschuldige unterdrückt und oft die Milde ihres Mannes hintertrieben. Severin bat die beiden, von ungerechten Handlungen abzusehen und sich frommer Werke zu befleißigen; er warnte sie davor, das ihnen bisher bei ihrer Regierung durch Gottes Beistand gewährte Glück für selbstverständlich zu halten und dessen Verlust zu riskieren. „Mit solchen Ermahnungen reichlich versehen, nahmen der König und seine Gemahlin Abschied von ihm und brachen auf" (Kap. 40).

Severin hatte vielleicht schon daran gezweifelt, ob das rugische Königspaar nach seinem Tode sein Lebenswerk schonen werde; noch größere Befürchtungen hatte er, dass Ferderuch, der Bruder des Königs, der durch die Gunst seines hohen Verwandten so etwas wie Stadthauptmann von Favianis geworden war, das Kloster berauben werde. Der Heilige warnte ihn daher entschieden davor, sich nach seinem Tod am Klosterbesitz zu vergreifen: „Hüte dich davor, nach meinem Hinscheiden zu versuchen, irgend etwas von dem mir anvertrauten Gut zu nehmen und den Besitz der Armen und Gefangenen anzutasten, damit du nicht, was ferne sei, Gottes Zorn für diese Verwegenheit erleidest." Mit geschraubten Worten, die erkennen lassen, dass sich Ferderuch in seinem Innersten durchschaut fühlte, versprach er dem

Der Presbyter Lucillus begeht im Beisein des hl. Severin das Gedächtnis an Bischof Valentin
Kupferstich, ursprünglich von Rafael Sadeler d. Ä. (1615), neu aufgestochen 1704 durch Philipp Jakob Leidenhoffer.

Das rugische Königspaar Feletheus (Fewa) und Giso beim hl. Severin
Holzschnitt von Martin Speer nach einer Zeichnung von Bonaventura Emler (1863).

Eugippius stilisiert die Sterbeszene (Kap. 43) nach dem Vorbild des Todes des Patriarchen Jakob im Alten Testament, der von seinen Söhnen Abschied nimmt (1 Moses 49). Severin lässt seine Mönche zu sich kommen und richtet seine letzten Worte an sie. Diese entsprechen seinem Geiste so sehr, dass man sie inhaltlich als authentisch ansehen darf, auch wenn nicht jede einzelne Formulierung wirklich von ihm stammen muss. Er lobt die Mönche wegen ihres Eifers und anerkennt, dass sie die Regel der Demut (humilitatis regulam) stets beachtet haben. Er erinnert sie nochmals an den Beistand der Heiligen (adiumenta sanctorum), der den Gläubigen stets gewährt wird.

heiligen Severin, seinen Worten Folge zu leisten (Kap. 42). Er sollte sein Versprechen später jedoch brechen.

Seinen Mönchen kündete Severin den bevorstehenden Abzug in eine römische Provinz an und verfügte für diesen Fall die Mitnahme seines Leichnams. (Vielleicht darf man auch in diesem Wunsch des Heiligen einen Hinweis auf seine Herkunft sehen.)

Immer stärker kreisten die Gedanken Severins um seinen Tod. Der Bericht des Eugippius über das Sterben des Heiligen klingt wie eine Stelle aus einem Tagebuch:

„Am 5. Jänner begann Severin unter leichten Seitenschmerzen zu leiden. Als diese drei Tage lang anhielten, ließ er um Mitternacht die Brüder (Mönche) zu sich kommen. Er gab ihnen Weisungen bezüglich seines Leichnams, stärkte sie durch väterliche Belehrung und richtete eindringliche und wunderbare Worte an sie" (Kap. 43).

Was folgt, sind Leitsätze für ein christliches und mönchisches Leben:

„Verachtet das Irdische, sucht aber stets das himmlische Vaterland." „Gott ist denen nahe, die ein einfältiges Herz haben." „Niemand schäme sich, Buße zu tun, wenn er sich nicht geschämt hat, eine böse Tat zu begehen." „Die ‚Schlichtheit des Kleides' (Mönchskleid), der Name ‚Mönch', das Wort ‚Religion' und der Anschein von ‚Frömmigkeit' nützen nichts, wenn wir in der Beachtung der Gebote Gottes nachlässig und untreu befunden werden." „Die Lebensweise muss dem einmal übernommenen Gelübde (proposito suscepto) entsprechen."

In Anlehnung an die Abschiedsworte des Paulus an die Epheser (Apg 20, 32) lässt Eugippius den hl. Severin schließlich sagen: „Und jetzt empfehle ich euch Gott und dem Wort seiner Gnade, in dessen Macht es liegt, euch zu erhalten und euch das Erbe zu geben unter den Heiligen. Ihm sei Ruhm von Ewigkeit zu Ewigkeit."

„Nach dieser erbaulichen Ansprache ließ er alle der Reihe nach herantreten, um sie zu küssen, empfing das Sakrament der Kommunion und untersagte es ihnen streng, um ihn zu weinen. Dann streckte er die Hand aus, machte über den ganzen Körper das Zeichen des Kreuzes" (dieses große Kreuzzeichen ist hier geschichtlich erstmals bezeugt) „und befahl ihnen, Psalmen zu singen. Als sie im Übermaß der Trauer nicht gleich begannen, fing er selbst an zu singen: Lobet den Herrn in seinem Heiligtum, ... alles was Odem hat, lobe den Herrn" (Ps. 150). „Und als *wir* auf diesen Vers kaum respondiert hatten", schreibt Eugippius, „entschlief er selig im Herrn. Das war am 8. Jänner" (des Jahres 482). Man setzte den Heiligen in Favianis bei. Dann ließen die Mönche einen Holzsarg anfertigen, um Severins Leichnam „zum Zeitpunkt der angekündigten Umsiedlung des Volkes" mit nach dem Süden nehmen zu können.

So kostbar die Abschiedsworte des Heiligen auch sind, ihr eigentliches Gewicht erhalten sie erst durch sein Leben. Es macht seine Größe aus, dass er als Romane auch den Germanen Freund und Helfer war, dass er als ein Mensch vornehmer Herkunft zum Anwalt des kleinen Mannes wurde, dass er als „Mönch" auch den Dingen dieser Welt seine Aufmerksamkeit schenkte, dass ihn seine katholische Überzeugung nicht daran hinderte, auch die Menschen anderer Konfession zu respektieren, und dass weder seine Askese noch die Wirren der Zeit ihm die innere Heiterkeit rauben konnten (aequali vultus hilaritate fulgebat). Das Wesen von Severins Wirken bestand im Ausgleich. Selbst auf dem Boden der Toleranz stehend, gelang es ihm, Gegensätze zu überbrücken.

Der heilige Augustinus hat einmal gesagt, dass die beste Art der Heiligenverehrung die Nachahmung ist: Nachahmung nicht im sklavischen Sinne, sondern in der Form, dass Grundhaltungen einer überzeugenden Persönlichkeit die Richtung angeben, in der sich auch unser eigenes Leben bewegen kann.

Wie wir lebte Severin in einer Zeit des Umbruchs. Die Menschen waren verängstigt und suchten Trost und Hilfe. Severin war der ruhende Pol, der ihnen in klarer Ausrichtung auf Gott den Weg wies, der das Irdische dennoch ernst nahm und es nur in jenem Sinn „verachtete", dass er es als vorläufig ansah. So entfloh er zwar immer wieder der Hektik des Alltags, um Ruhe zu finden bei Gott, entzog sich aber niemals dem Anruf der Stunde.

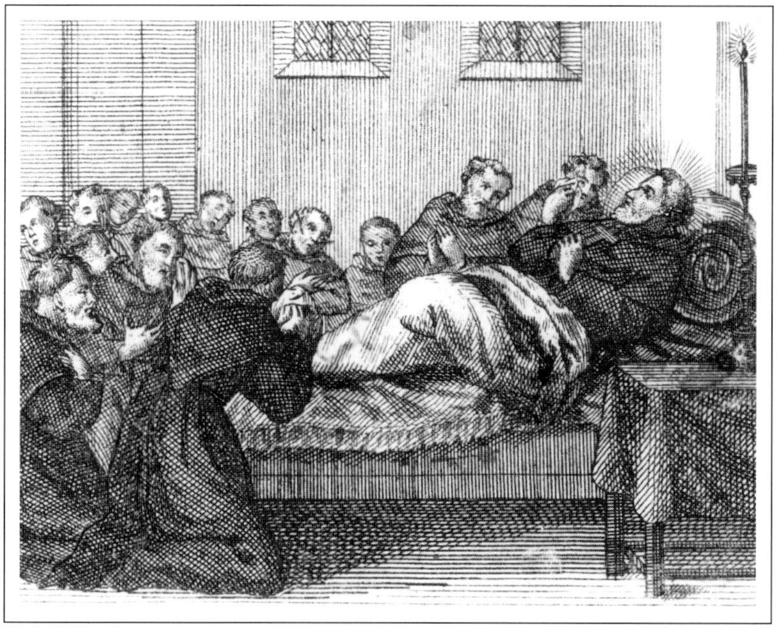

Tod des heiligen Severin
Nicht signierter Kupferstich (1. Hälfte 18. Jh.).

DIE VEREHRUNG

Das Schicksal der Reliquien

Kaum hatte Severin seine Augen geschlossen, als schweres Leid über das Kloster in Favianis hereinbrach. Der Heilige hatte Ferderuch, den Stadthauptmann und Bruder des Königs, nur zu gut gekannt. Der raffgierige, heimtückische Mensch fiel nun, da ihm die Gelegenheit günstig schien, über das Kloster her und raubte alles, was nicht niet- und nagelfest war, wie die für die Armenfürsorge angehäuften Kleidungsstücke, den Messkelch aus Silber und die Altargeräte.

Der altersschwache Abt Lucillus wird kaum in der Lage gewesen sein, Widerstand zu leisten. Eugippius sagt, dass Ferderuch eigentlich alles mitnahm mit Ausnahme der Mauern, „die er ja nicht über die Donau schaffen konnte". Das war Kirchenfrevel, der stets als schweres Verbrechen galt. Eugippius illustriert das mit der Erzählung eines Strafwunders am Krieger Avitianus. Dieser musste sich, von Ferderuch gezwungen, am Altargerät vergreifen. Gott strafte ihn dafür mit einem dauernden Gliederreißen, das erst aufhörte, als er „das Gelübde nahm" und auf einer einsamen Insel Mönch wurde, „so den Militärdienst mit seiner Hingabe an die himmlischen Waffen vertauschend". Ferderuch aber wurde das Opfer seines Neffen Friedrich, der ihn beseitigte. „So verlor er seine Beute ebenso wie sein Leben."

Eugippius erwähnt nichts davon, dass sich Ferderuch etwa auch am Grab des Severin vergriffen hätte. Und in der Tat ist dies auch unwahrscheinlich, hegte er ihm gegenüber doch eine abergläubische Ehrfurcht und hatte ihn früher oft aufgesucht (Kap. 42, 1). Er wagte sich allerdings, wie es der Heilige befürchtet hatte, nach dessen Tod über die Klosterschätze.

Der nachfolgend geschilderte Krieg zwischen Odoaker und den Rugiern wird von Eugippius als ein Eingriffen der Skiren in den Familienzwist des rugischen Königshauses dargestellt. In Wirklichkeit gehören diese Ereignisse in größere Zusammenhänge.

„Eugippius schreibt über diese Periode äußerst unklar. Zuerst fasst er den Mord an Ferderuchus als Strafe für die Plünderung von Favianis auf, dann wieder nimmt er diesen Mord als Ursache für das Eingreifen Odoakers. Die fünf Jahre (der Auseinandersetzung) werden überhaupt übergangen, also ein deutlicher Frontwechsel, denn Odoaker bekämpfte ja das Königshaus, das den Übeltäter gestraft hatte! Das ist nicht anders zu erklären, als dass Eugippius in die verworrene Lage keinen Einblick hatte. In Wirklichkeit kümmerte sich Odoaker in den Anfangsjahren des rugischen Bürgerkrieges sehr wenig um die Vorgänge an der Donau. Das war nur zu natürlich, solange seine Herrschaft in Italien noch nicht gefestigt war" (*N. Miko*).

Offenbar war seit der Heirat des Feletheus mit Giso, wir erinnern uns daran, eine Hinwendung der Rugier zu den Ostgoten erfolgt. Da Odoaker, dessen Herrschaft in „Italia" sich gefestigt hatte, Beziehungen mit dem antibyzantinischen Verschwörer Illos aufnahm, schien er für Ostrom zur Gefahr zu werden. Daher scheint Kaiser Zeno (474 – 491) die Kontakte zwischen den Ostgoten und den Rugiern für seine Zwecke genützt und diese gegen Odoaker aufgehetzt zu haben. Odoaker kam jedoch dem befürchteten Einfall der Rugier zuvor. Er beschloss, an der Donau Ordnung zu schaffen. Im Winter 487 drang er in Ufernorikum mit einem bedeutenden Heer ein, schlug die Rugier und schleppte Feletheus und Giso als Gefangene mit sich, um sie bald darauf hinzurichten.

Deren Sohn Friedrich entkam. Er kehrte wenig später in das Rugierland zurück und nahm Rache an den römischen Städten. 488 schickte Odoaker nochmals ein Heer an die Donau, angeführt von

Auszug der Severin-Mönche aus Norikum mit dem Sarg des hl. Severin. Federlithographie von Vinzenz Katzler, in: Moritz Smets, Geschichte der Oesterreichisch-Ungarischen Monarchie, Wien-Pest-Leipzig 1878.

seinem Bruder Onoulf (Hunwulf). Das bedeutete das Ende des Rugierreiches. Friedrich entkam neuerdings und begab sich zum (über seine Mutter mit ihm verwandten) Ostgotenkönig Theoderich nach Novae in Mösien.

Trotz seines Sieges hatte Odoaker erkannt, dass Norikum ohne starke Besatzungsmacht nicht mehr zu halten war. So ließ er durch seinen Bruder Onoulf den Romanen den Abzugsbefehl erteilen. Mit der Durchführung der Aktion wurde der „Comes" (Graf) Pierius betraut. Aber auch die Konzentration der Kräfte im Süden nützte Odoaker nichts. Theoderich, unterstützt vom Rugier Friedrich, brach noch im Jahre 488 gegen „Italia" auf, errang Sieg um Sieg, schloss Odoaker in Ravenna ein und ermordete ihn schließlich eigenhändig (493). Dann übernahm Theoderich im Auftrag Ostroms die Herrschaft über „Italia".

Der Aufbruch der Romanen nach dem Süden, den Eugippius unter dem Bild des Auszugs aus der ägyptischen Knechtschaft schildert, erfolgte keineswegs vollzählig und konnte auch so nur gegen den Widerstand der Betroffenen (Onoulf „befahl", Prierius „drängte") erreicht werden; er erfasste vor allem die Bewohner der befestigten Städte, gegen die sich der Ansturm der Feinde in erster Linie gerichtet hatte. Das Wandern war man ja schon gewohnt, hatte man sich doch in den vorausgehenden Jahren immer mehr aus dem Westen in den Osten absetzen müssen.

Trotz seiner Gebrechlichkeit musste der greise Presbyter (Abt) Lucillus noch den Abzug der Severinmönche organisieren. An einem vorbestimmten Tag ließ er, nach dem abendlichen Psalmengesang (vespere psalmodia), das Grab des Heiligen öffnen. Seit dessen Tod waren sechs Jahre vergangen. Man glaubte, der Leichnam sei längst verwest. Doch man fand, so berichtet Eugippius, „den unversehrten Leib" (integram corporis compagem) vor, und ein „süßer Wohlgeruch" (suavitatis fragrantia) entströmte dem Grab. Die Linnen wurden ausgetauscht, der Körper in den längst vorbereiteten Holzsarg gebettet und dann auf einen pferdebespannten Wagen gelegt. Sodann brach man nach dem Süden auf. Die „Vita" sagt, dass mit den Mönchen die gesamte übrige romanische Bevölkerung abzog (cunctis nobiscum provincialibus idem iter agentibus). Das trifft aber zumindest für den Bereich westlich der Enns nicht zu, wo die Kontinuität der Namen (Quintanis/Künzing, Batavis/Passau, Ovilava/Wels, Lentia/Linz, Lauriacum/Lorch usw.) und des Kultes (Weiterverwendung von Kirchen in Passau-Innstadt und Lauriacum/Lorch, Überlieferung des Laurentiuspatroziniums von Lorch, Fortdauer der Florianverehrung usw.) den Verbleib einer Bevölkerung voraussetzt, durch die diese Elemente an die neuen Siedler (Baiern) weitergegeben wurden.

Während die abziehenden Romanen sich „in allen möglichen Gegenden von Italia" niederließen, wurde den Severinmönchen das Kastell „Mons Feleter" angewiesen. „Während der Zeit", in der hier der Leichnam des Heiligen ruhte, „wurden viele, die mit allerlei Krankheiten behaftet, und einige, die von unreinen Geistern befallen waren, dank der Gnade Gottes unverzüglich gesund". Als Beispiel verweist die „Vita" (Kap. 45) auf die Heilung eines Stummen, der, nach der Ankunft der Mönche im Kastell, als der Körper Severins noch auf dem Wagen lag, nach inbrünstigem Gebet sofort von seiner Krankheit erlöst wurde.

Die Lage des erwähnten Kastells, das nun den Mönchen als Kloster diente (eine Kapelle wird ausdrücklich erwähnt, Kap. 45, 1), ist nicht eindeutig nachweisbar. Seit S. *Brunner* 1879 seine Übersetzung der Vita mit Kommentar herausbrachte und S. Leo bei S. Marino zur Diskussion stellte, hat man diese Ansicht oft apodiktisch wiederholt. In S. Leo gibt es aber keine Spur von Severinverehrung, während die Kirche des nahen Borgo di S. Severino, die auch ein barockes Severinreliquiar besitzt, dem Heiligen geweiht ist. Der gegenüberliegende Berg heißt Monte S. Severino. Mit einem erst im 20. Jahrhundert aufgestellten mächtigen Holzkreuz will man zum Ausdruck bringen, dass sich *hier* das einstige Severinkloster befunden hat. Tatsächlich haben sich auf der Höhe des Berges Mauerreste erhalten, die gut mit einem ehemaligen Kastell bzw. dem dort eingerichteten Kloster in Zusammenhang stehen könnten.

Wenige Jahre, nachdem sich die Severinmönche in Montefeltre niedergelassen hatten, langten hier immer wieder Briefe von einer vornehmen Dame namens Barbaria ein, die die Brüder bat, unter Mitnahme der Reliquien nach Lucullanum zu übersiedeln. Dass diese Barbaria, die sich so sehr um den Leichnam Severins bemühte, die Mutter des letzten weströmischen Kaisers Romulus Augustulus gewesen sein dürfte, was auch Schlüsse auf den hohen Rang des Heiligen zuließe, haben wir oben schon dargelegt. Sie nun konnte die Mönche unter Leitung ihres Presbyters (Abtes) Marcianus (Lucillus war inzwischen wohl gestorben) dazu bewegen, sich noch einmal auf die Wanderschaft zu begeben. Offenbar hatte man ohnedies nicht vorgehabt, auf Dauer in Montefeltre zu bleiben, erwähnt doch die „Vita", dass man den Leichnam immer noch nicht zur Erde gebettet hatte (corpusculum sancti ... usque ad illud tempus terrae nullatenus commendatum). Nun übersiedelte man also in die Nachbarschaft Neapels. Mit Zustimmung des Papstes Gelasius (492 – 496) erfolgte die Beisetzung der Reliquien durch den Ortsbischof Viktor in einem durch Barbaria gestifteten Mausoleum. Das zahlreich erschienene Volk geleitete unter Absingung von Psalmen den Wagen zur vorbereiteten Stätte. Dabei wurden Kranke von ihren Gebrechen geheilt.

Dieses solenne Begräbnis der Reliquien kommt nach damaliger Auffassung einer Heiligsprechung gleich. Severin, im Leben und noch im Tode ein ruheloser Wanderer, hatte endlich eine Ruhestätte gefunden. Der Mann hoher Abstammung, der aber das Leben eines Dieners aller geführt hatte, ruhte jetzt in kaiserlicher Wohnstatt, die nun in ein stilles Kloster umgewandelt wurde. Eugippius, der Schreiber der „Vita S. Severini" und Abt des Klosters (nach dem aus Kuchl stammenden Marcianus), beschließt seinen Bericht mit den Worten:

„Das an diesem Orte zum Andenken an den seligen Mann erbaute Kloster steht noch heute. Durch dessen Verdienst wurden viele von bösen Geistern Besessene geheilt. Viele von verschiedenen Leiden Geplagte erlangten hier und erlangen noch immer ihre Gesundheit zurück durch das Wirken der göttlichen Gnade. Ihm sei Ehre und Ruhm in alle Ewigkeit."

Wo sich das nach dem reichen Lukull benannte Castellum Lucullanum genau befand, ist schwer zu sagen. Man hat es u. a. in Pozzuoli gesucht *(E. K. Winter)*. Dieser Ort ist aber von Neapel viel zu weit entfernt, um den Angaben in den Briefen Gregors d. Gr. zu genügen, die auf eine unmittelbare Nachbarschaft zu dieser Stadt deuten. Da der Besitz des Lukullus sehr ausgedehnt war, ist auch von daher die genaue Lokalisierung des Severinklosters schwierig. Die größte Wahrscheinlichkeit spricht für den Pizzofalcone *(D. Ambrasi)*, auf dem sich noch heute antikes Mauerwerk befindet, von dem freilich nicht mit Sicherheit gesagt werden kann, ob es in Beziehung zu den ehemaligen Klosterbauten steht.

In der Folge erlangte das Kloster große Bedeutung als Stätte der Wissenschaft und der Kultur. *Ambrasi* spricht von einem „faro di civilta" (Leuchtturm der Kultur).

Zu Beginn des 10. Jahrhunderts litt Süditalien andauernd unter dem Einfall der Sarazenen aus Nordafrika. Im Falle der Einnahme durch die Eindringlinge bedeutete das Kastell Lucullanum wegen seiner wichtigen strategischen Position eine große Gefahr für Neapel. Daher veranlasste Gregorius, der Konsul der Stadt, die Schleifung des Kastells.

Nach dem genauen Bericht, den Johannes Diaconus hierüber verfasst hat, war Ibrahim, „der König von Afrika", über Taormina schließlich bis Neapel vorgedrungen. Da erbat sich Johannes, der Abt des Benediktinerklosters von Neapel, den Leib des Heiligen aus Angst vor einer Schändung. Der Konsul gab zu bedenken, dass Severin sicherlich nicht gerne aus jenem Mausoleum, das ihm die vornehme Barbaria aus Liebe zu ihm (pro illius amore) bereitet hatte, entfernt werden wolle. Nachdem aber in einem Traumgesicht Severin selbst seine Zustimmung erteilt hatte, entschloss man sich zur Überführung. Zuerst wurde eine Messe gelesen, dann begann man unter Absingung der Psalmen nach den Reliquien zu graben. Nach Öffnung des Grabmals musste man zunächst mit Bestürzung feststellen, dass dieses leer war. Als man aber weitergrub, stieß man auf einen Sarg; darin fand man den gesamten Körper des Heiligen völlig intakt vor (universa membra suis compaginata viderunt articulis). Tags darauf eilten Bischof und Klerus sowie die Stadtväter und das Volk jeglichen Standes und Alters herbei. Unter Fahnenbegleitung und Verwendung wohlriechenden Weihrauchs übertrug man die Gebeine in feierlicher Prozession, wobei der Chor abwechselnd in lateinischer und griechischer Sprache sang. Zusammen mit den ebenfalls aufgefundenen Reliquien des „Vorläufers des Herrn" (Johannes d. T.) und der hll. Gervasius und Protasius (man hatte diese offenbar ebenfalls aus Norikum mitgebracht), wurde nun der Leib Severins im Altar der damaligen Klosterkirche in Neapel feierlich beigesetzt. Das geschah am 10. September 902.

Wenig später, im Jahre 920, wurden die Gebeine des hl. Martyrers Sosio († 305) aus Misenum nach Neapel übertragen und ebenfalls im genannten Altar eingefügt. Seit dieser Zeit werden die beiden Heiligen immer zusammen verehrt. Die Kirche, die ursprünglich dem legendären Bischof Severin von Neapel (363 – 409) geweiht war, änderte dadurch allmählich ihr Patrozinium auf Severin von Norikum und Sosio.

Das alte Gotteshaus des Klosters ist heute profaniert, dient als Rumpelkammer und findet sich in einem beklagenswerten Zustand. Über dem Hauptportal findet sich noch die Inschrift:

„Divis Severino Abb. Noricor. in Oriente Apostolo et Sossio Levitae, B. Januarii ep(iscop)i in passione socio, templum instauratum ubi eorum sancta corpora sub altare maiori requiescunt et ap(osto)lico indulto cum oblatione sacra purgantes animae liberantur." (Dem hl. Severin, Abt und Apostel der Noriker im Osten, und dem hl. Leviten Sosio, dem Leidensgefährten des hl. Bischofs Januarius, wurde dieses Gotteshaus, in dem die Leiber der Heiligen unter dem Hochaltar ruhen, errichtet. Kraft apostolischer Vollmacht werden durch die Darbringung des Messopfers [auf diesem Altar] die Seelen aus dem Fegefeuer befreit.)

Die „neue" Klosterkirche erstand seit dem Quattrocento (15. Jahrhundert) in einer langen Bauzeit in unmittelbarer Nähe auf der Piazza S. Marcellino. Die Portalaufschrift des prächtigen Gotteshauses lautet: „D. O. M. ac Sanctis Severino et Sosio templum hoc dedicatum" (Gott dem Allmächtigen und den Heiligen Severin und Sosio ist dieses Gotteshaus geweiht). Einige kleine Knochensplitter der beiden Heiligen sind heute im Volksaltar der Kirche aufbewahrt.

Das Kloster selbst ist während der napoleonischen Herrschaft in Italien säkularisiert worden und beherbergt jetzt das Staatsarchiv. Zur Zeit der Aufhebung bemühte sich die Pfarrgemeinde von Frattamaggiore nördlich von Neapel in der Diözese Aversa um die Leiber der beiden Heiligen. Die Gebeine wurden am 29. Mai 1807 erhoben. Das Haupt Severins „war ganz unversehrt, einige Gebeine, die man als Reliquien nach anderwärts hin erbeten hatte, fehlten ... In einer elfenbeinernen Kapsel, die aber schon zerfiel, befand sich das Herz Severins ..." *(S. Brunner)*.

Zuerst wurden die Reliquien in einer kleinen Kapelle neben der Pfarrkirche von Frattamaggiore beigesetzt. 1874 wurde für die zwei Heiligen ein schöner Marmoraltar in einer Seitenkapelle der Kirche errichtet, in den seitlich zwei Reliquienschreine in Sargform, die mit rotem Samt verkleidet sind, eingeschoben wurden. Auf dem Deckel der Schreine verweisen ein Palmzweig sowie eine Infel mit Pastorale auf den Martyrer Sosio bzw. auf den „Abt" Severin. Hier ruhen die Gebeine bis auf den heutigen Tag.

Die kultische Verehrung

Das Wort „Kult" leitet sich vom lateinischen Verbum „colere" her, was soviel bedeutet wie: bebauen, pflegen, verehren. In diesem weiten Sinne genommen, wäre unsere Überschrift eigentlich tautologisch, jedenfalls würde sie auch die durch Kunst, Lied und Dichtung zum Ausdruck kommende Verehrung Severins mit einschließen. Tatsächlich aber wird der Kultbegriff meist im engeren, religiösen Sinne verwendet. Das bedeutet im Falle des Heiligenkultes: Reliquienverehrung, liturgische Feiern (Messe und Brevier), Gebete und Volksandachten, Verwendung des Namens als Tauf- oder Ordensname, Dedizierung von Kirchen und Kapellen, Zuweisung von Patronaten. Auch in dieser Sicht war das vorausgehende Kapitel schon ein Stück Kultgeschichte; mit den nachfolgenden Abschnitten lassen sich Überschneidungen ebenfalls nicht ganz vermeiden.

Die *Erhebung der Gebeine* Severins und ihre feierliche Beisetzung in Lucullanum durch den Bischof von Neapel mit Zustimmung des Papstes Gelasius (492 – 496), die unter großer Beteiligung des Volkes stattfand, entspricht, wie schon einmal gesagt wurde, im wesentlichen einer Heiligsprechung. Wunderbare Ereignisse an den Begräbnisstätten christlicher Persönlichkeiten, die sich im Leben durch vorbildliche Frömmigkeit und Nächstenliebe ausgezeichnet hatten, galten zu allen Zeiten als verlässliche Zeugen für eine gläubige Verehrung durch das Volk. Wir brauchen die von der „Vita Severini" berichteten Straf- und Heilwunder an den Orten der Beisetzung Severins in Favianis, Montefeltre und Lucullanum (vgl. Kap. 44 – 46) nicht nochmals aufzuzählen. Auch die nächste Translation, die 902 nach Neapel erfolgte, war nach dem Bericht des Johannes Diaconus von wunderbaren Heilungen begleitet.

Über die *liturgische Severinverehrung* in Messe und Brevier ist bisher nur wenig gearbeitet worden. Eine systematische Behandlung des Themas wäre ein echtes Desiderat. Aber auch jetzt schon lässt sich die Vermutung aussprechen, dass überall dort, wo die „Vita Severini" größere Verbreitung fand, auch das Gedächtnis an den Heiligen festlich begangen wurde, vor allem in den Benediktinerklöstern von Lucullanum, Neapel, Montecassino, Rom, Bobbio, Salzburg, Regensburg-St. Emmeram u. a. Die Söhne des hl. Benedikt waren sehr wichtige Träger des Severinkultes.

Die zwei alten Hymnen (10. Jh.?) zu Ehren Severins, die im „Hymnar der Abtei St. Severin" in Neapel eingetragen sind, dienten für den liturgischen Gebrauch. Wir werden sie im Kapitel „Severin in der Dichtung" näher würdigen.

K. Gamber hat in einem beneventanischen Missale des 11./12. Jh. in Montecassino auch ein (nur fragmentarisch erhaltenes) Messformular für die Gedächtnisfeier des hl. Severin feststellen können. Die Oration lautet: D(ominu)s, qui beatum Severinum famulum (tuum) ignote gentis virum no(bis) mirabilem prestitisti, da qu(aesumu)s ut eius apud te et i(ust)a merita et s(an)c(t)a nos semper commendet oratio" (Herr, der Du Deinen Diener, den hl. Severin, einen Mann unbekannter Herkunft, uns als Wundermann geschenkt hast, gib, wir bitten Dich, dass uns sowohl seine gerechten Verdienste als auch sein heiliges Gebet stets bei Dir empfehlen mögen).

In der Diözese Passau fand das Severinfest in den Messbüchern und Brevieren des Spätmittelalters regelmäßige Berücksichtigung, wie eine flüchtige Einsichtnahme ergeben hat.

Eine „Messe zu Ehren des heiligen Severin" hat Max Tremmel (Passau) 1942 komponiert, mehrere Kirchenlieder finden weiter unten Berücksichtigung.

Schon sehr früh wurden *in Italien Kirchen unter den Schutz des hl. Severin* gestellt. Bayern und

Österreich folgten später. Soweit von diesen gottesdienstlichen Stätten im Rahmen des Kapitels „Severin in der Kunst" zu handeln ist, können wir uns hier mit Andeutungen begnügen. Für Italien sind zu nennen: die kleine, mittelalterliche Pfarrkirche von Borgo di S. Severino bei S. Leo (unweit von S. Marino); das abgekommene, durch Papst Gregor d. Gr. (590 – 604) dem Heiligen geweihte Gotteshaus in der Via Merulana in Rom; das noch bestehende Kirchlein S. Costanzo auf Capri, das ursprünglich ein Severinpatrozinium aufwies; die alte, jetzt ruinöse, und die „neue", in der Renaissance erbaute Klosterkirche der Benediktiner von Neapel, die beide neben Severin S. Sosio zum Patron haben; die Pfarrkirche von Frattamaggiore bei Neapel, wohin die Reliquien von Sosio und Severin am Beginn des 19. Jahrhunderts kamen und die seither dem Schutz der beiden Heiligen unterstellt ist.

Da wir in den Briefen Gregors d. Gr. davon hören, dass in Sizilien ein „Oratorium" dem hl. Severin und der Martyrerin Juliana geweiht wurde und hierfür Severinreliquien aus Lucullanum geliefert wurden, und dass sich über den Papst ein reicher Mann namens Venantius für eine Kirche, die leider nicht mehr lokalisierbar ist, Reliquien erbat, ist mit weiteren gottesdienstlichen Räumen in Italien zu rechnen, die ein Severinpatrozinium hatten.

In *Bayern* hat sich die Erinnerung an das Wirken Severins am besten in Passau erhalten. Der Nachfolgebau des einst vom Heiligen errichteten Klosterkirchleins von Boiotro trägt sein Patrozinium (Friedhofskirche in Passau-Innstadt). Hierher gab es im Mittelalter auch eine regelrechte Wallfahrt, das einzige Beispiel dieser Art, das wir kennen. In der Bestätigungsbulle Alexanders II. vom Jahre 1073 für das Kloster St. Nikola bei Passau (MB IV, 288) erhält dieses die Auflage, dass die Innüberfahrt für Pilger „qui causa orationis vadunt" (die hierher kommen, um zu beten), unentgeltlich sein solle. Zwar ist diese Bestimmung recht allgemein gehalten, sie ist aber praktisch nur auf das Gotteshaus „St. Severin" beziehbar, dessen Patrozinium erstmals 1143 bezeugt ist (MB XXVIII, 221 f.)

Bei Passau-Heining, einer ehemaligen Filiale von Tiefenbach, spricht die nachweisbare Tradition des seit dem 10. Jahrhundert bezeugten Gotteshauses zwar von „Severin von Köln", man darf aber an „Severin von Norikum" als ursprünglichen Patron denken, der im Zuge einer Kultwelle des Kölner Heiligen sowie infolge einer Konkurrenzsituation zu Passau-Innstadt verdrängt worden sein mag. Zwei andere Severinkirchen in Bayern gehören unserer unmittelbaren Gegenwart an, nämlich die Pfarrkirchen von Neuhaus am Inn (1974) und von München-Garching (1976).

In *Österreich* steht die älteste Severinkirche in Haidershofen (NÖ.). Die Verhältnisse liegen jedoch ähnlich wie bei Passau-Heining. Offiziell gilt Severin von Köln als Patron des Gotteshauses. Da Zusammenhänge mit Pilgrim von Passau († 991) nicht unwahrscheinlich sind, ist bei dessen starkem „Lorcher Bewusstsein" und bei seiner Kenntnis der „Vita Severini" an Severin von Norikum als ersten Schutzpatron der Kirche zu denken.

Die gotische Pfarrkirche von Wien-Sievering ist eindeutig unserem Heiligen geweiht. Freilich dürfte hier der Ortsname „Sievering" in volksetymologischer Verkennung auf „Severin" bezogen worden sein und so zu einer Änderung des Patroziniums von ursprünglich Andreas auf Severin geführt haben. Ein dem Schutz des Heiligen unterstellter Altar ist in dem Gotteshaus schon für 1429 und 1431 bezeugt, das neue Patrozinium für die Pfarrkirche hingegen erst für 1666, als die hier ansässige St.-Andreas-Bruderschaft darum ansuchte, das Severinfest besonders feierlich begehen zu dürfen, weil das Gotteshaus diesem Heiligen „dediziert" worden sei. Die Umbenennung muss also vor diesem Jahre erfolgt sein. Wenn wir von einer

Wegkapelle im Donauort Inzell, Gemeinde Haibach (OÖ.), absehen, die nach mündlicher Überlieferung 1787 zu Ehren Severins erbaut wurde, um durch seine Fürbitte das Ende einer schon drei Jahre währenden Schneckenplage zu erlangen, gehören alle übrigen, dem Schutz des Heiligen unterstellten Kirchenbauten in Österreich dem 19. und 20. Jahrhundert an. In chronologischer Folge sei zunächst die Pfarrkirche St. Severin von Wien-Neuwähring genannt, deren Bau ab 1875 nicht zuletzt dem Wunsch Kardinal Rauschers zu verdanken ist. Das Gotteshaus in Krems-Lerchenfeld wurde zwar 1959 zu Ehren der Gottesmutter geweiht, die Pfarre aber ist nach dem hl. Severin benannt. Tulln, das Comagenis der „Vita Severini", erhielt seit 1972 ein neues Seelsorgezentrum im Königstettener Viertel. Es lag nahe, Severin zum Patron zu wählen. Die Erhebung zur Pfarre erfolgte mit Wirkung vom 1. Jänner 1982, also bereits im Severin-Gedächtnisjahr.

Ein Kuriosum stellt das Vorhandensein von zwei Severinkirchen in einer einzigen Pfarre der oberösterreichischen Landeshauptstadt Linz dar. Das 150-jährige Bistumsjubiläum 1935 war der unmittelbare Anlass zur Errichtung einer Kirche zu Ehren des hl. Severin. Die Einweihung des Gotteshauses in der Katzenau, dem jetzigen Hafengebiet von Linz, konnte am 8. Dezember 1936 erfolgen. 1941 wurde der Sprengel als Kooperatorexpositur begründet, der 1945 in den Rang einer Pfarrexpositur aufrückte. Für die Erhebung zur Pfarre wurde ein Kirchenneubau erwogen und die „alte" Kirche zum Abbruch bestimmt. Da dieser nicht erfolgte, ist die Hafenkirche nun eine Filiale unter dem gleichen Patrozinium wie die neue, 1968 geweihte Pfarrkirche in der Lederergasse.

Die bisher einzige Severinskirche der Steiermark verdankt der „Gesellschaft des Göttlichen Wortes" ihren Ursprung, die ihre Ordensniederlassung in Fürstenfeld und die zugehörige Kirche unter den Schutz des hl. Severin gestellt hat (1931 bzw. 1959).

Die Verehrungsgeschichte des hl. Severin weist einen eindeutigen Höhepunkt in der Barockzeit auf. Vor allem die Jesuiten haben seinen Kult propagiert. Wir werden darauf noch mehrmals zu sprechen kommen. Schon hier sei auf die damals verbreiteten Gebetszettel, Andachtsbildchen, Volksandachten und Erbauungsbüchlein wenigstens hingewiesen. Die kleine „Lebensbeschreibung des Heiligen Abbtens und Apostels der Nortgeyer Severini" (Passau 1728 und Wien 1744) enthält auch zwei Severinlieder und eine Andacht zum Heiligen nach Art des kirchlichen Stundengebetes. Voraus geht eine *Litanei*, aus der einige Anrufungen zitiert seien:

„Heiliger Severin, du Apostel der Nortgeyer,
Bitt für uns.

H. Severin, von Gott zum Trost deren Christen in diese Landschaft geschickt,
Bitt für uns.

H. Severin, der du ein heiliges und strenges Leben geführt hast,
Bitt für uns.

H. Severin, von Gott mit einem Prophetischen Geist begabt,
Bitt für uns...".

Damals fanden auch *Severinreliquien* aus Neapel ihren Weg zu uns. Auf Betreiben von Verehrern des Heiligen in Wien-Heiligenstadt und Wien-St. Stephan erhielt Wien Reliquien des Heiligen (1744). Sie wurden hier 1745 geteilt: Ein Teil kam nach St. Stephan, das Severin „als vormals hiesig gewesten Einwohner und Apostel Österreichs zum Patron erwählet", die andere Hälfte aber nach Heiligenstadt. Während die erste Reliquie nicht erhalten oder mit jener der Lazaristenkirche St. Severin in Wien-Neuwähring gleichzusetzen ist, wird die Heiligenstädter Reliquie in einem Monstranzreliquiar in der Kirche St. Jakob bis auf den heutigen Tag öffentlich verehrt. Es handelt sich um „die Grundphalange eines Mittelfingers". Die Authentik des Wiener Kardinals Sigismund von Kollonitsch (1716 – 1751) vom 14. März 1745 ist nicht mehr erhalten, ihr Text jedoch überliefert (E. K. *Winter*, Severin-Studien II). Dechant Dr. Eberhard Marckhgott gelang es auf Grund seiner guten Beziehungen zum damaligen Pfarrer von Heiligenstadt Klemens Kramert († 3. Juli 1979), dass dieser die dortige Reliquie der Länge nach teilen ließ und die eine Hälfte der Pfarre Enns-St. Laurenz abtrat. Sie wurde in das Sepulchrum des Seitenaltares (Severinaltar), der am 25. Oktober 1969 von Gerolamo Prigione, Titularerzbischof von Lauriacum, feierlich konsekriert wurde, eingefügt.

Weitere Severinreliquien in barocker Fassung finden sich z. B. in Hartkirchen (OÖ.) und St. Pölten (Englische Fräulein).

1935 führte der Linzer Diözesanbischof Johannes M. Gföllner eine Wallfahrt nach Frattamaggiore durch. Dabei erhielt er ein kleines Reliquiar geschenkt, das Knochensplitter von Severin und Sosio enthielt. Der Bischof bemühte sich dann mit Erfolg um Erhebung Severins zum zweiten Diözesanpatron, da ihm der erste Patron, St. Maximilian, geschichtlich fragwürdig erschien. Die Ritenkongregation erteilte die Bewilligung am 10. Juli 1935.

Das erwähnte Reliquiar ist offenbar identisch mit jenem, das Professor Hermann Kronsteiner am 8. Jänner 1981 der Pfarre Enns-St. Laurenz schenkte. Die Reliquien kamen nach dem Tod Gföllners in den Besitz des Spirituals am Linzer Priesterseminar Josef Huber († 14. April 1976), der sie seinerseits an Frau Hermine Hochgatterer vererbte. Diese wieder übergab sie der Elisabethine Sr. Cäcilia Kronsteiner († 1982), die sie 1980 ihrem Bruder schenkte. Prof. Kronsteiner vermachte die Reliquien dem Pfarramt Enns-St. Laurenz mit der Auflage einer würdigen Aufstellung in der Pfarrkirche.

Die Reliquien befinden sich in einem kleinen, flachen, ca. 9 cm hohen, mit rotem Siegellack verschlossenen Glasfläschchen, das in einen Holzfuß eingelassen ist. Der Behälter ist mit Watte gefüllt, die – jeweils durch ein kleines Zettelchen ausgewiesen – Knochenreste des hl. Martyrers Sosio von solchen des hl. „Abtes" Severin trennt. Es ist nicht auszuschließen, dass im Lauf der Zeit Knochensplitter von der einen auf die andere Seite gelangt sind, also eine gewisse Vermengung eingetreten sein kann. Da seit der schon einmal erwähnten Übertragung des Severinleibes am Beginn des 10. Jahrhunderts nach Neapel Severin und Sosio stets zusammen verehrt werden, ist das Nebeneinander der beiden Heiligen in unserem Glasfläschchen kein unwesentlicher Hinweis für die Echtheit auch der Severinreliquien. Auch wenn dieser Befund keine hundertprozentige Echtheit der Severinreliquien garantiert, so enthält das Fläschchen jedenfalls Materie, die in engstem Zusammenhang zu den Reliquien des Heiligen in Frattamaggiore steht.

Die *Verbreitung des Taufnamens* Severin wurde bisher nicht wissenschaftlich untersucht. *E. K. Winter* hat in den Sieveringer Matrikelbüchern von 1694 bis 1774 31 Träger des Namens, für Heiligenstadt zwischen 1712 und 1781 aber deren 47 feststellen können. Im Trentino hat der Taufname Severin bis heute eine gewisse Tradition aufzuweisen. In unserer unmittelbaren Gegenwart wurde im Hinblick auf das Ereignis des 1500-Jahr-Jubiläums gelegentlich der Name Severin gegeben. Es wurden z. B. sowohl in Linz als auch in Enns, Wels und Steyr einige Knaben auf den Namen Severin getauft; von einer Häufigkeit kann jedoch keine Rede sein. Mit einer gewissen Regelmäßigkeit finden sich im Franziskanerorden und in einzelnen Klöstern der Benediktiner und Zisterzienser immer wieder Träger des Namens Severin.

Der Heilige gilt auch als *Schutzpatron* der Feldfrüchte, des Weinbaus und neuerdings auch der Caritas. Mehrmals wurde er in unserer Zeit als *Brückenheiliger* dargestellt (Kuchl, Tauglbrücke zwischen Kuchl und Hallein, Neufelden im Mühlkreis). 1848 wählte sich der in Wien gegründete „St.-Severin-Verein" den Heiligen zum Patron, 1883 tat dies die Katholische Akademikerverbindung „Norica". Eine vollständige Erfassung der Verehrungsgeschichte Severins im kultischen Bereich lag weder in unserer Absicht, noch wäre sie in diesem Rahmen zu leisten gewesen. Die Forschung hat hier noch einige Aufgaben zu lösen. So viel hat unser Überblick jedoch ergeben, dass Severin zu allen Zeiten verehrt wurde, wenn auch mit unterschiedlicher Intensität und mit räumlicher Beschränkung auf Italien, Deutschland und Österreich.

Severin in der Kunst

Es liegt nicht in der Absicht dieses Kapitels, eine vollständige Ikonographie des hl. Severin zu bieten. Vielmehr geht es darum, Höhepunkte und Schwerpunkte aufzuzeigen.

Johannes Diaconus erwähnt in seinem Bericht über die Übertragung der Severinreliquien nach Neapel im Jahre 902 „ein wunderbar verziertes Grabmal" des Heiligen „unter dem Altar" der Klosterkirche von Lucullanum (tumulum mirabili decore sub altari constructum). Von diesem ältesten Zeugnis der Severinverehrung durch die Kunst, das wohl noch auf jene Barbaria im 5. Jahrhundert zurückgeht, die die Translation des Leichnams nach Lucullanum veranlasst hatte, blieb nichts erhalten. Der hl. Willibald, der spätere Bischof von Eichstätt, hat es aber jedenfalls bei einem Besuch der Begräbnisstätte um 730 noch gesehen.

Im Jahre 593 wandte sich Papst *Gregor d. Gr.* (590 – 604) an den Subdiakon Petrus von Kampanien, den Hüter des Severinheiligtums in Lucullanum, mit der Bitte, ihm unter Wahrung der größten Ehrfurcht Reliquien des hl. Severin zu übersenden. Der Papst hatte nämlich die Absicht, die sich seit langem im Besitze der Arianer befindliche Kirche bei der „domus Merulana" im „dritten Bezirk" von Rom, wieder in ein katholisches Gotteshaus unter dem Schutze des hl. Severin umzuwandeln. Man darf annehmen, dass diese Kirche auch Kunstwerke mit Darstellungen des Heiligen enthielt. Das längst abgebrochene Gotteshaus wird in der „Via Merulana", jener breiten Verbindungsstraße zwischen den Kirchen Maria Maggiore und S. Giovanni in Laterano gesucht, unweit der ebenfalls abgekommenen Kirche S. Matteo, deren Lage uns aber aus alten Stadtplänen noch bekannt ist.

Der ehemalige Severinkult auf *Capri* – die Insel hatte den Heiligen zum Schutzpatron – mag von Lucullanum seinen Ausgang genommen haben und kann ebenfalls in Verbindung zu Papst Gregor d. Gr. stehen. Die kleine Kirche S. Costanzo, ein Bauwerk spätbyzantinischen Stils, war dem hl. Severin geweiht. Der Ruf des byzantinischen Heiligen S. Costanzo als „Sarazenenschreck" dürfte den ursprünglichen Patron der Insel verdrängt haben, so sehr, dass heute keine Erinnerung an Severin mehr lebendig ist. Auch die Kirche bietet keine Hinweise mehr auf unseren Heiligen.

Die älteste erhaltene Severindarstellung wird jenes Mosaikmedaillon des 12. Jahrhunderts im Dom von *Monreale* sein, das einen Mönch zeigt und auf Severin gedeutet wird. Hinweise auf eine ehemals sehr lebhafte Verehrung des Heiligen auf Sizilien bieten die Briefe Papst Gregors d. Gr.

Obwohl anzunehmen ist, dass die folgenden Jahrhunderte, in denen die „Vita Severini" in italienischen, deutschen und österreichischen Klöstern immer wieder abgeschrieben wurde, auch manche Kunstwerke zu Ehren des Heiligen hervorgebracht haben, ist davon nichts erhalten. Wir wissen aber z. B., dass in Passau-Innstadt um 1000 ein Neubau der auf Severin zurückgehenden Kirche von „Boiotro" erfolgte.

Am Ausgang des Mittelalters setzt dann fast schlagartig – und zwar gleichzeitig in Italien, Bayern und Österreich – eine Kultwelle ein, die in den wenigen erhaltenen, qualitativ sehr hochstehenden Kunstwerken noch einen deutlichen Niederschlag findet.

In *Neapel* entstand um 1470 der Severinaltar des sogenannten *Meisters von S. Severino.* Dass das Benediktinerkloster in Neapel ursprünglich dem legendären Bischof Severin von Neapel geweiht war, lässt die sechsgeteilte Altarretabel (heute im Museum Capodimonte, Neapel) noch klar erkennen, da sie an der prominentesten Stelle diesen Heiligen auf dem Throne sitzend in Pontifikal-

Die Schutzheiligen Österreichs. Albrecht Dürer, Holzschnitt (1517, Abdruck ca. 1570).

kleidung zeigt. Auf der Tafel links von ihm sind die beiden Johannes (Täufer und Evangelist) dargestellt, auf der rechten Tafel die seit dem Beginn des 10. Jahrhunderts stets zusammen verehrten Severin von Noricum und Sosio, dieser in Levitenkleidung mit Martyrerpalme. Severins Haupt ist nach Art der Mönche kahl geschoren. Seine edlen Gesichtszüge offenbaren verhaltene Kraft und tiefe Frömmigkeit. Der Heilige trägt den Habit eines Benediktinermönchs, als Zeichen der Abtwürde hat er ein Pastorale zwischen den gefalteten Händen; unter dem Arm hält er ein Buch, das auf den Künder des Evangeliums verweist. Das ist sicherlich das schönste und überzeugendste Severinbild der Kunstgeschichte. Die Tafeln darüber zeigen (in der Mitte) eine „Maria lactans", eingerahmt von den Apostelfürsten Paulus (links) und Petrus (rechts) sowie den Kirchenvätern Hieronymus (links) und Gregor d. Gr. (rechts). Die Predellenbilder des Altars, der wohl noch für die alte, heute ruinöse Severinkirche in Neapel bestimmt war, sind jetzt in alle Welt zerstreut. Alle vier Darstellungen betreffen Severin von Norikum, wodurch dieser Heilige als wichtigste Gestalt des Altares in Erscheinung tritt. Gleich zwei der Bilder beziehen sich auf die Maximuserzählung der Vita (Kap. 29). Während die eine Tafel (heute in der Kunstsammlung des Wittelsbacher Ausgleichsfonds, München) den von Maximus geleiteten Kleidertransport aus Binnennorikum nach Ufernorikum zum Thema hat – der Tross verlor in den Alpen infolge eines heftigen Schneefalls den Weg, in höchster Not wies ein Bär den Pfad –, behandelt die andere Tafel die Ankunft des Maximus mit seinen Gefährten bei Severin (heute in Privatbesitz, New York). Die zwei anderen Predellenbilder zeigen die Totenerweckung des Silvinus durch Severin (heute in Privatbesitz, New York) bzw. die Heilung einer Besessenen auf Fürbitte Severins (heute Museum Horne, Florenz).

Wenig später (um 1500) wurde der Platanenhof des Severinklosters in Neapel durch *Antonio di Giovanni di Pietro da Solario*, genannt „der Zigeuner", mit Fresken ausgemalt. Auf einem der qualitätsvollen Bilder befindet sich als Tympanondarstellung eine Muttergottes mit Kind, gerahmt von Brustbildern der hll. Severin (links) und Sosio (rechts), wobei dieser eine Palme als Zeichen des Martyriums trägt, jener aber durch Mitra, Buch und Stab als Abt gekennzeichnet ist.

Um diese Zeit war in Neapel auch schon mit dem Neubau einer Klosterkirche zu Ehren „dei SS. Severino e Sosio", die in langer Bauzeit entstand, begonnen worden. Die an die Schutzpatrone erinnernden Embleme Pastorale (für den Abt Severin) und Palme (für den Martyrer Sosio) sind in der Kirche auf vielfältige Weise angebracht (Reliefs, Fresken, Einlegearbeit). Der barocke Hochaltarunterbau hat die Form eines Sarkophags; auf dem Deckel liegen kreuzweise übereinander ebenfalls Pastorale und Palme.

Nahezu gleichzeitig erhält die Severinverehrung in *Passau* eine starke Akzentuierung. Man wird nicht fehlgehen, wenn man in dem um 1476 an die alte Severinskirche in Passau-Innstadt angefügten spätgotischen Chor einen markanten Ausdruck dieser Verehrung erblickt. Ein schöner Schlussstein zeigt den Heiligen in Halbfigur als Pilger (mit Pilgerhut und Stab) und als Mann des Gebetes (mit Rosenkranz und Hl. Schrift). Etwa damals entstand auch die Holzfigur des Heiligen als schreitender Pilger (119 cm hoch, Pfarramt St. Severin, Passau). Seine Rechte hält ein Buch, seine Linke einen Stab. An der Hutkrempe wurde später ein Altöttinger Wallfahrtsandenken mit der Jahreszahl 1490 angebracht. Eine Sitzfigur des Heiligen (73 cm hoch, heute Seminar St. Valentin, Passau), die ihn mit seherischem Blick in die Ferne schauen lässt, ist wohl etwas später anzusetzen (um 1500). Eine andere Pilgerfigur (64 cm hoch, Pfarramt St. Severin, Passau) und eine volkstümlich wirkende Holzskulptur (jetzt im Dom zu Passau) dürften dagegen schon um oder vor der Mitte des 15. Jh. zu datieren sein. Außer Betracht muss hier die spätgotische Severinstatue von *Passau-Heining* bleiben, da sie ursprünglich einen hl. Leonhard darstellte.

Auf dem zu Ende des Zweiten Weltkriegs verbrannten Chorgestühl von St. Stephan in *Wien* (ca. 1485) war der Heilige ebenfalls als Pilger dargestellt. 1515 (und mit einer Erweiterung um zwei Heilige 1517) schuf *Albrecht Dürer* seinen Holzschnitt „Die Schutzheiligen Österreichs". Unter den sechs bzw. acht Heiligen nimmt St. Severin eine zentrale Stellung ein. Der Heilige, in eine Mönchskutte mit über den Kopf geschlagener Kapuze gehüllt, ist barfuß. In der Rechten hält er einen Pilgerstab, in der Linken ein geöffnetes Buch und, um den Arm geschlungen, einen Rosenkranz. Die zugehörige Inschrift lautet: „S. Severinus post Attilam regem hunorum defunctum secundarius Austrie apostolus."

Das Jahrhundert der Reformation bedeutet eine Zäsur. *Um oder nach 1600* wurde allerdings in Passau zur Aufbewahrung und Schaustellung einer Severinreliquie eine Holzbüste des Heiligen geschaffen, die wiederum dem Pilgertyp entspricht (61 cm hoch, Pfarramt Passau-St. Severin). Die gleichzeitige Severinstatue von München-Garching muss hier ausgeklammert werden, da sie ursprünglich einen hl. Jakobus d. Ä. darstellte. Dem Band 1 der „Bavaria Sancta" des M. Rader S. J. von 1615 wurde u.a. ein Kupferstich von *Rafael Sadeler* beigegeben, der die Totenerweckung des Silvinus durch Severin schildert („Vita Severini", Kap. 16).

Der hl. Severin erweckt den Presbyter Silvinus zum Leben. Kupferstich von Rafael Sadeler d. Ä. nach einer Zeichnung von Johann Mathias Kager (1615).

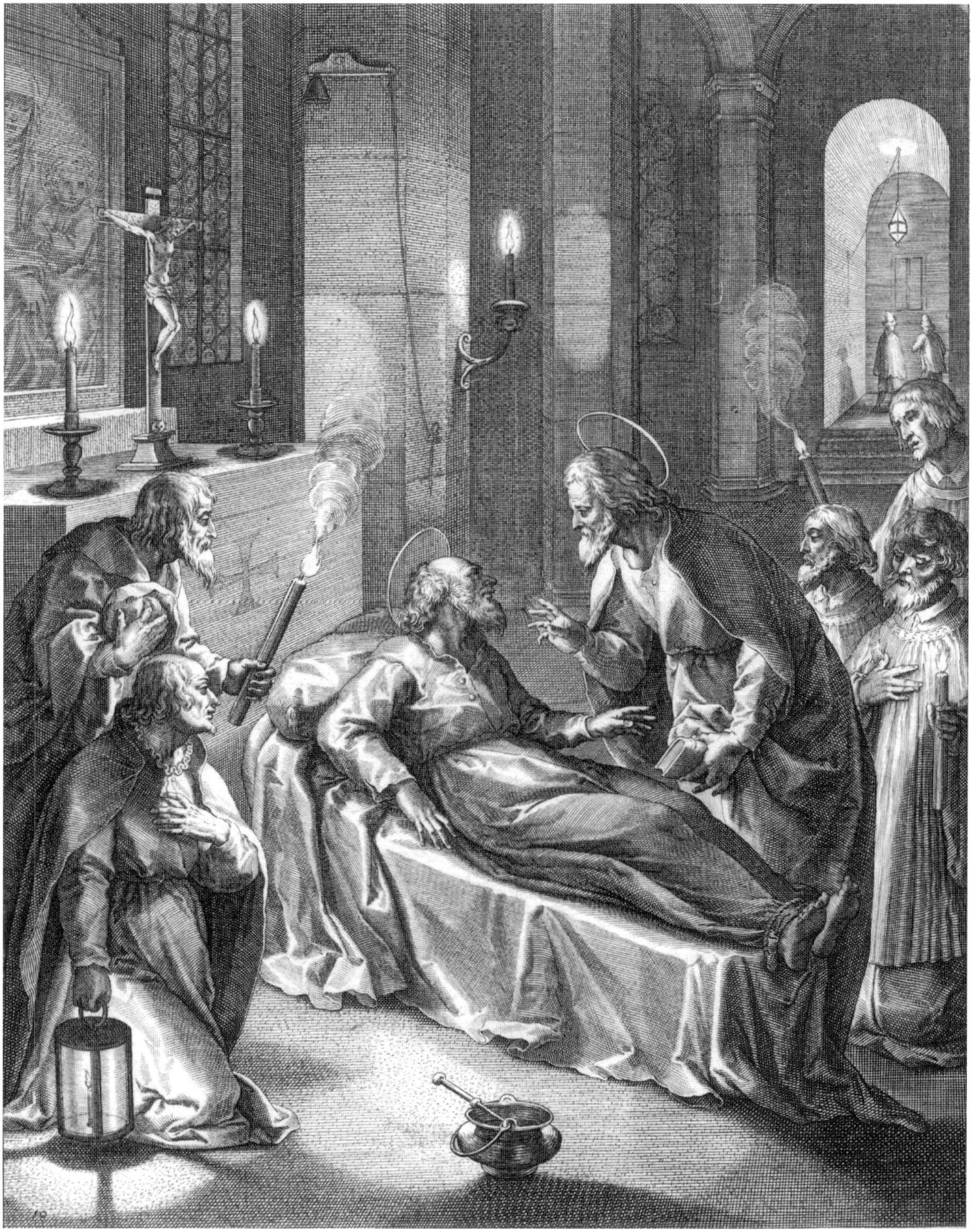

Im Zuge der *katholischen Erneuerung* haben die Jesuiten nicht nur die Verehrung der Heiligen im allgemeinen, sondern diejenige Severins im besonderen gefördert. In diesen geschichtlichen Kontext dürfte auch jenes große Severinbild aus der zweiten Hälfte des 17. Jahrhunderts, das jetzt im Gymnasium Leopoldinum in Passau hängt,

Hl. Severin, Apostel von Norikum
Nicht signierter Kupferstich (um 1720).

einzuordnen sein (163 cm hoch, 106 cm breit). Der Heilige im dunklen Ordenshabit hält in der Linken ein Kreuz, das Zeichen des Heils. Zahlreiche Menschen suchen Zuflucht bei ihm und durch ihn beim Kreuz. Im Hintergrund brennt eine Stadt (Passau?).

Die „Lebensbeschreibung des Heiligen Abbtens und Apostels der Nortgeyer Severini" des Jesuiten *P. Ignatius Querck* (1728 und 1744 in Passau bzw. Wien aufgelegt) fand weite Verbreitung; sie ist mit einem Kupferstich versehen, auf dem Severin nach Art eines Jesuiten gekleidet ist. In der Folge erschienen zahlreiche *Gebetszettel* und kleine *Andachtsbildchen*, die aber bisher nicht vollständig erfasst sind. Dieses Buch bringt einige Belege, weitere Beispiele hat die Severin-Ausstellung 1982 in Enns geboten (vgl. Katalog). Auf einem Kupferstich der Zeit um oder vor 1720 sei näher eingegangen. Er bringt unter dem Titel „S. Severinus Mission(arius) Norici Apost(olus)" eine Hauptszene, die den Heiligen in der Tracht eines Geistlichen des 18. Jahrhunderts mit Beffchen und Pilgerstab unter dem Kreuze stehend zeigt. In einer Hintergrundszene sieht man Severin als Verkünder des Wortes Gottes. Auf einer Bordüre tragen vier Putti die Attribute der zwölf Apostel, womit der Heilige als deren Nachfolger charakterisiert wird. Unten ist eine Donaulandschaft mit Anspielungen auf Berichte der „Vita Severini" abgebildet (Schiff mit Getreidesäcken, Heuschreckenbefall).

Sehr bedeutsam ist das große Ölbild von *A. Kröll* aus dem Jahre 1745 in der Kirche St. Jakob, Wien-Heiligenstadt (150 cm hoch, 120 cm breit). Es ist mit einem prachtvollen, geschnitzten und in Gold gefassten Barockrahmen versehen und zeigt als Halbfigur den Heiligen in der Glorie über den Wolken mit Buch und Pilgerstab. Zwei Engel halten die Insignien des „Abtes" (Mitra und Pastorale). Unten, auf der Erde, sieht man Severin vor der barocken Jakobskirche zu Heiligenstadt, wie er den Menschen in ihren Nöten beisteht. Engel betätigen sich als seine Gehilfen. Auf diese Weise wird das Ineinander von Diesseits und Jenseits deutlich zum Ausdruck gebracht. Durch die Donau sowie den Leopolds- und Kahlenberg im Hintergrund wird die Wirkungsstätte des Heiligen nach Wien verlegt. Das barocke Hochaltargemälde der Pfarrkirche Wien-Sievering zeigt ebenfalls den Heiligen in der Glorie.

Severin reicht einem Bettler eine Münze
Andachtsbildchen, handkolorierte Lithographie aus der Druckanstalt Johann Kravogl, Innsbruck (um 1830).

Völlig anders konzipiert ist das barocke Hochaltarbild von Borgo di San Severino (Pfarre in Norditalien bei San Leo). Die aufrechte Gestalt Severins ist mit einem Benediktinerhabit bekleidet. Das Pastorale in seiner Rechten durchschneidet das Bild in einer Diagonale, die zu dem großen, knurrenden Hund zu Füßen des Heiligen führt. Den Hintergrund bildet die vieltürmige Stadtkulisse von San Leo.

Zur gleichen Zeit wurden auch zahlreiche *Severinreliquien* künstlerisch gefasst. Damals wurde die schöne Monstranz für eine Reliquie in Heiligenstadt angefertigt. Die Reliquienmonstranz von Hartkirchen (OÖ.) von 1735 war zwar primär für ein Knochenstückchen des Erzmartyrers Stephanus, des Patrons der Pfarrkirche, bestimmt, enthält aber an prominenter Stelle, direkt über dem Mittelstück, auch eine Severinreliquie. Ein hölzernes Reliquiar in bäuerlichem Barock besitzt die Pfarrkirche von Borgo di San Severino.

Die *Romantik* löste eine große Begeisterung für das Mittelalter aus. Im Zuge dieser Bewegung konnte es nicht ausbleiben, dass man sich auch wieder intensiv auf den hl. Severin besann, die überragende Persönlichkeit zwischen ausgehender Antike und beginnendem Mittelalter.

In der Kunst hat die sogenannte *Nazarenische Schule*, die sich formal den alten Meistern wie Dürer, Raffael, Perugino und Fra Angelico verpflichtet fühlte und die Techniken der Ölmalerei und der Graphik bevorzugte, einem idealisierenden Naturalismus gehuldigt. Unter den behandelten religiösen und geschichtlichen Themen wendete man sich mit Vorliebe den Heiligenleben und Ritterlegenden zu.

Als am 15. Mai 1848 in Wien der „St.-Severins-Verein" zur „Weckung und Stärkung des katholischen, gläubigen Sinnes und Förderung des katholisch-kirchlichen und sittlichen Lebens durch Wort, Schrift und Beispiel" gegründet wurde, zählten zu den Mitgliedern des Zentralausschusses auch die führenden Nazarener und Professoren der Kunstakademie Josef Führich (1800 – 1876) und Leopold Kupelwieser (1796 – 1862). Der „Severin-Künstler-Kreis" unter der Leitung des Historienmalers Johann Klein bildete eine gesonderte Abteilung des Vereines (vgl. Katholischer Severinus-Kalender, 1. Jg., Wien 1857). Von hier ausgehend wurden Severin und sein Leben, und insbesondere die historische Begegnung Severins mit Odoaker, zu einem Lieblingsthema der Kunst. Es wäre eine Arbeit für sich, wollte man die vielen Severindarstellungen in Form von Buchillustrationen, Andachtsbildchen, Glasgemälden, Ölbildern, Reliefs und Plastiken auch nur annähernd erfassen. Hier können nur Beispiele gebracht werden. *Leopold Kupelwieser* hat in seinem Deckenfresko im Landtagssaal des Niederösterreichischen Landhauses (1847) auch der Begegnung Severins mit Odoaker ein Bild gewidmet. Severin, eine edle Asketengestalt, sitzt in seiner Klause, ein geschlossenes Buch in der Rechten haltend, während die Linke auf den vor ihm stehenden, in Felle gehüllten Odoaker und dessen Gefolge weist. Man hat den Eindruck, dass alle Personen sehr ergriffen und sich des großen historischen Augenblicks bewusst sind. Dieses Werk fand auch in Form eines sorgfältig gearbeiteten Kupferstichs von A. Simon Verbreitung.

Dieselbe Szene behandelt *Alois Greil* (1841 – 1902) auf einer lavierten Federzeichnung aus den sechziger oder siebziger Jahren des 19. Jahrhunderts (OÖ. Landesmuseum).

Obwohl auf einer Zeichnung von *Josef von Führich* basierend, ist ein Holzschnitt von Blasius Höfel (1792 – 1863) eine relativ schwache Leistung. Der Heilige im Mönchshabit wird von hil-

Begegnung des hl. Severin mit Odoaker
Stahlstich von A. Simon nach einem Fresko von Leopold Kupelwieser (nach 1850).

fesuchenden Romanen und Germanen umringt. In der erhobenen Linken hält Severin ein Kreuz.

Den „Seher" Severin hat *Leopold Schulz* (1804 – 1873, gestorben in Heiligenstadt) für sein monumentales, um die Mitte des 19. Jahrhunderts entstandenes Ölgemälde in der Pfarrkirche St. Michael, Wien-Heiligenstadt, zum Thema genommen. Im selben Gotteshaus findet sich auch das große Gemälde des Künstlers „Die hll. Landespatrone der österreichischen Monarchie um die Madonna mit dem Christuskinde versammelt" (1853). Etwas später dürfte das qualitätsvolle Ölbild von *Sebastian Stief* in der Pfarrkirche Kuchl anzusetzen sein, auf dem Severin in Priesterkleidung, in der erhobenen Rechten das Kreuz haltend, der Bevölkerung von Kuchl das Evangelium verkündet (240 cm hoch, 175 cm breit).

Nach 1888 entstand ein großes Ölbild „Der hl. Severin als Abt" für die Stadtpfarrkirche Wels (jetzt Linzer Diözesanmuseum, 305 cm hoch, 126 cm breit). Der Heilige ist durch die für die Nazarener typischen weichen Gesichtszüge gekennzeichnet. Zu seinen Füßen findet sich eine kleine Kapelle (Klause).

Der Historienmaler *Josef Kastner* (1844 bis 1923), der Schöpfer zahlreicher vielfiguriger Wandmalereien auf Goldgrund, hat auch das Hochaltarbild der Gedächtniskirche von Mayerling geschaffen (1891). Die zentrale Gestalt ist der hl. Josef, der Patron der Kirche. Im Gebet vereinen sich mit ihm die Schutzheiligen des Karmeliterordens, des Kaiserhauses und Österreichs, unter ihnen auch, kniend und mit den Würdezeichen eines Abtes versehen, St. Severin (ganz rechts).

Auf einem Ölbild von *Saverio Altamura* (1893) in der Pfarrkirche von Frattamaggiore (Diözese Aversa), in der heute die Gebeine Severins ruhen, kommt die Reliquienübergabe an den Heiligen für seine Klosterkirche in Favianis zur Darstellung. Ein Bote überbringt den kostbaren Schrein, den Seve-

Hilfesuchende bei Severin
Holzschnitt von Blasius Höfel nach einer Zeichnung von Josef von Führich (Mitte 19. Jh.).

rin, an den Gestaden der Donau kniend, mit ausgebreiteten Händen entgegennimmt.

Der Historienmalerei wird auch *Leonhard Thoma* (1864 – 1921) zugerechnet, der 1908 die Deckengemälde für die Pfarrkirche St. Laurenz in Künzing schuf. Vorne im Chor ist in einem ovalen Medaillon Severin in der Glorie abgebildet. Er trägt eine braune Mönchskutte, blickt zu Christus empor und erbittet Schutz für den Ort Künzing. Die Totenerweckung des Silvinus („Vita" Kap. 16) ist das Thema eines zweiten Bildes. Eine dritte Darstellung behandelt den Schutz der ehemaligen Holzkirche von Künzing vor weiteren Überschwemmungen; Severin macht das Zeichen des Kreuzes auf einen Stützpfeiler („Vita" Kap. 15). Es handelt sich um eine technisch gute Leistung, die aber älteren Traditionen folgt. Die Szene der Totenerweckung entstand z. B. in starker Anlehnung an den Kupferstich von Rafael Sadeler (1615) in der „Bavaria Sancta" des M. Rader S. J.

Zahlreich und vielfältig sind die *bildhauerischen* Werke zum Thema Severin, die das *19. Jahrhundert* hervorgebracht hat. Das schönste Beispiel ist wohl jene lebensgroße Holzskulptur in der Pfarrkirche von Passau-Innstadt, die der ersten Hälfte des Jahrhunderts angehört und noch barocken Geist atmet. In der Linken hält der Heilige die üblichen Attribute (Buch und Stab), mit seiner Rechten weist er nach oben. Wenigstens genannt seien die Schnitzstatuen auf den Altären von St. Michael in Wien-Heiligenstadt und von St. Severin in Wien-Neuwähring. Von dieser Kirche sind auch die drei Tympanonreliefs über den Türen der Westfassade erwähnenswert, deren eindrucksvollstes dem Tod des Heiligen gewidmet ist (Ende 19. Jh.). Wesentlich besser ist die Marmorstatue vom ehemaligen Hochaltar (1896) in Enns-St. Marien (74 cm hoch, jetzt im Pfarrhof). Beachtung verdient die Monumentalfigur am Giebel der Westfassade des Passauer Domes, ein sitzender Severin in Mönchskutte, den *Heinrich Freiherr von Schmidt* (1897) entworfen hat. Der in „Stotzinger Sandstein" ausgeführte Kolossalfries des *Melchior zur Straßen* am Oberösterreichischen Landesmuseum in Linz (Entwurf 1886), für den der Gigantenfries des Altares von Pergamon als Vorbild diente, bringt auch Szenen aus dem Leben Severins, so die Begegnung des Heiligen mit Odoaker und die Ankunft von Romanen und Germanen, die bei ihm Hilfe suchen.

Die in der Neugotik beliebte Technik der *Glasmalerei* hat gute Beispiele mit Severindarstellungen aufzuweisen in der Stiftskirche Zwettl (NÖ.), in der Pfarrkirche Wien-Sievering und in der Kapelle des Niederösterreichischen Landhauses. Die Verbindung mit St. Leopold oder anderen Heiligen Österreichs ist häufig und auch in späteren Werken immer wieder feststellbar.

Die *Kunst des 20. Jahrhunderts* hat sich so intensiv mit Severin auseinandergesetzt, dass wir noch stärker auswählen müssen. Zu den besten Leistungen zählt sicherlich das Altarmosaik der von Otto Wagner geschaffenen Anstaltskirche von Wien-Steinhof (1904 – 1907), entworfen von *Remigius Geyling*, ausgeführt von *Leopold Forster*, ein Meisterwerk des *Jugendstils*. Die Zentralgestalt ist Christus; er ist von Heiligen umgeben, die stufenförmig zu ihm ansteigen. Ganz links ist der hl. Severin dargestellt. Auf den zwei Türmen der Kirche befinden sich monumentale Sitzfiguren von *Richard Luksch*, links der hl. Severin und rechts der hl. Leopold, der Patron der Kirche. Der sogenannten *Beuroner Kunst* verpflichtet ist ein kleines Andachtsbildchen; die aufrechte Gestalt des Heiligen ist von Rankenwerk umgeben, das dem Typus frühchristlicher Apsismosaiken folgt.

Nach 1910, und zwar im Auftrag von Bischof Rudolph Hittmair, entstanden die Fenster des Neuen Doms in Linz. Das sogenannte „Linzer Fenster" zeigt u. a. auch Severin und den vor ihm knienden Bischof Constantius von Lorch. Im Maßwerk des „Lorcher Fensters" ist Severin nochmals abgebildet.

Zu den besten Schnitzarbeiten *Josef Fürthners* zählt die überlebensgroße Severinstatue in der Hafenkirche St. Severin zu Linz (1936).

Seit dem Ende des Zweiten Weltkrieges ist Severin viele Male zum Gegenstand der Kunst geworden. Auf Glasfenstern wurde er z. B. dargestellt von *Josef Widmoser* (Pfarrkirche Kuchl, 1955), *Herbert Dimmel* (Taufkapelle der Pfarrkirche Linz-St. Severin, 1968), *Lydia Roppolt* (Pfarrkirche Linz-Christkönig) und *Alfred Stifter*. Dieser hat sowohl in der Martinskirche von Linz am Römerberg (1948) als auch in der Pfarrkirche Traun-St. Martin (1960) den Heiligen gestaltet. Der Severin in der Bleiglas-Westwand des Gotteshauses von Traun wirkt dynamisch. Fest auf der Erde stehend, wehrt der Heilige mit ausgestreckten Händen dem Unheil. Die lodernden Farben sprechen für sich.

Auf dem „Tor der Liebe" des Salzburger Domes (1958) hat der bedeutende Künstler *Giacomo Manzu* auch jene Szene aus der „Vita" geschildert, in der eine rugische Witwe Severin um die Heilung ihres kranken Sohnes anfleht (Kap. 6). Die ruhige Strenge im Gesicht Severins hält die bittende

Frau nicht davon ab, sich ihm förmlich zuzuneigen; sie hat Vertrauen zu ihm.

Im Mittelalter war es üblich, Ereignisse der Bibel oder Heiligenleben in Szenenfolgen darzustellen und das Heilsgeschehen auf diese Weise den Gläubigen, die des Lesens unkundig waren, zu vermitteln. So ähnlich haben gleich dreimal Künstler der Gegenwart wichtige Geschehnisse der „Vita Severini" gewissermaßen nacherzählt. Das Bronzeportal der neuen Pfarrkirche St. Severin von München-Garching wurde von *Karl Reidel* mit zwölf gut ausgewählten Episoden der Severinsvita belebt (1967). Diese Flachreliefs konfrontieren den in das Gotteshaus eintretenden Menschen unserer und kommender Tage mit dem Leben des Heiligen. Ein anderes Bronzetor, die „Porta S. Severini" der Basilika Enns- St. Laurenz von *Peter Dimmel* (1971), folgt einem ähnlichen Gedankengang, beschränkt sich jedoch auf weniger Szenen, vor allem auf jene, die Lauriacum zum Schauplatz hatten. Die Gesamtkonzeption entspricht einer Altarretabel mit Predella und Altarblatt. Auf der oberen Hälfte der sich über beide Türflügel erstrekkenden Bildfläche wird die Flucht der romanischen Bevölkerung aus dem Westen hinter die schützenden Mauern des Legionslagers von Lauriacum geschildert. Unter dem Schutz der dominierenden Gestalt des hl. Severin bestellen auf dem Mittelstreifen die Bewohner der Stadt ihre Felder. Darunter werden in vier Arkaden Szenen aus der „Vita" herausgegriffen, und zwar (von links nach rechts): die Begegnung des Heiligen mit Odoaker; die Abwehr der Folgen des Getreiderostes, der die Felder der hartherzigen Bewohner von Lorch befallen hatte; das „Ölwunder", das Severin in der Basilika gewirkt hat; schließlich die Überbringung einer Botschaft Severins an den Ortsbischof Constantius, er möge die Stadt vor einem drohenden Überfall der Barbaren schützen.

Von ausgesprochen epischer Wirkung ist ein Tafelbild von *Paul Lankes* (1981) in der Pfarrkirche St. Severin in Neuhaus am Inn (Bayern). Die Gestalt des barfüßigen Heiligen beherrscht das große, in Eitemperatechnik hergestellte Gemälde. Daneben werden in Einzelszenen Ereignisse aus dem Leben Severins behandelt, so der Kapellenbau in Boiotro, die Fürsorge für Kranke (Überreichung von Walderdbeeren an einen siechen Bruder), die Befreiung Gefangener und der Abzug der Romanen vor den andrängenden Germanen.

Der Ennser Künstler *Friedrich Mayr* hat Severin wiederholt dargestellt (zuletzt, mit Rückgriff auf alte Motive, auf einer 3-S-Briefmarke und einer 500-S-Silbermünze), am eindrucksvollsten vielleicht auf einem der zwölf Reliefs in Kupfertreibarbeit auf einer Haustür in Enns (1968). Trotz des sparsamen Bildinhalts wird eine intensive Aussage erzielt. Ein römischer Soldat, eine kniende, hilfesuchende Frau, ein Ölkrug und ein Hemd, nicht zuletzt der Wanderstab in der Rechten des Heiligen werden zu sprechenden Symbolen für sein politisches und karitatives Wirken.

Ebenfalls in jüngster Zeit wurden mehrere Brücken in Österreich mit Severindarstellungen versehen (so als steinerne Sitzfigur auf der Tauglbrücke zwischen Hallein und Kuchl und als Steinrelief auf der Brücke in Kuchl). Die Aufschrift „Severin, der Heilige zwischen Ost und West, zog um 470 als Apostel des Friedens und Beschützer der Bedrängten durch unser Land", kennzeichnet die aufrecht stehende Steinfigur des bärtigen Heiligen von *Max Stockenhuber* auf der Brücke über die Mühl bei Neufelden. Der ernste Gesichtsausdruck charakterisiert sowohl die Epoche als auch den Namen des Heiligen (severus = ernst).

Die Anbringung Severins auf Brücken ist von tiefer symbolischer Bedeutung. Er war ja von Gott gerufen, die Gegensätze zwischen Ost und West, zwischen Romanen und Germanen, zwischen Katholiken, Arianern und Heiden zu überbrücken, und er war der Mann an der Schwelle vom Altertum zum Mittelalter.

Severin in der Dichtung

Für dieses Kapitel kann von der 1950 approbierten Dissertation von *Martha Krzisch* über „Die Gestalt des heiligen Severin in der deutschen Literatur" ausgegangen werden. Es wird aber möglich sein, stofflich – und zwar nicht nur für die Zeit nach 1950 – nicht unerhebliche Ergänzungen zu bieten. Für die bibliographischen Angaben sei auf das Literaturverzeichnis im Anhang verwiesen. Neben der „Vita S. Severini" des *Eugippius* (511) stellt die etwa gleichzeitige „Vita S. Antonii" des *Ennodius* das älteste literarische Zeugnis über unseren Heiligen dar; wir haben darüber schon in anderem Zusammenhang gehandelt.

Das Werk des Eugippius selbst hinterließ schon früh Spuren bei anderen Schriftstellern, so noch im 6. Jahrhundert beim sogenannten *Anonymus Valesianus*, der Severin als „pannonischen Mönch" (monachus intra Pannoniam) bezeichnet. Es folgen Papst *Gregor d. Gr.* (590 bis 604), dessen Briefe Bezüge auf die Severinreliquien enthalten, *Paulus Diaconus* mit seiner Geschichte der Langobarden (nach 787) und *Johannes Diaconus* mit seinem Bericht über die Übertragung der Severinreliquien von Lucullanum nach Neapel (902). Bei diesem Anlass sang der Chor, wie wir schon gehört haben, abwechselnd in lateinischer und griechischer Sprache. Schon damals dürfte ein Severinhymnus in Verwendung gewesen sein. Die erhaltenen zwei Hymnen können aber, wenigstens in der überlieferten Gestalt, erst nach dem Ereignis von 902 entstanden sein, da beide Anspielungen auf die erwähnte Translatio enthalten. Der wohl ältere, aus 14 sapphischen Strophen bestehende Hymnus „Canticum laudis Domino canentes" schöpft sein Material aus der Vita und würdigt den Heiligen als Seher, Wundertäter und Apostel der Nächstenliebe. Die 12. Strophe, die wohl erst nach der Übertragung der Gebeine nach Neapel geschrieben wurde, lautet:

„Neapolis, gaude, redimita festis,
Plaude coelestem retinens patronum
Quem tibi summus decus et juvamen
    Praestitit auctor"

M. Krzisch hat die Stelle wie folgt übertragen: „Freue dich, Neapel, du festlich bekränzte, juble, die du im Besitze des himmlischen Patrons bist, den dir der höchste Schöpfer als Zierde und Hilfe gegeben hat." Der zweite, in 12 sapphischen Strophen abgefasste Hymnus entlehnt Wendungen des ersten Hymnus und bezieht sich sowohl auf den Sarazeneneinfall zu Beginn des 10. Jahrhunderts als auch auf die Erhebung der Gebeine des Heiligen, kann also frühestens 902 geschrieben sein. Möglicherweise stammt er vom Verfasser des Translationsberichtes, also von Johannes Diaconus. Wir bringen die erste Strophe:

„Gloriam Christo Domino canentes
Hunc diem sacrum placide colamus,
Quo Severini pretiosa membra
    Sumpsimus almi."

Auf Deutsch:

„Wir, die wir Christus dem Herrn zur Ehre singen, feiern mit Wohlgefallen diesen heiligen Tag, an dem wir die kostbaren Gebeine des heiligen Severin entgegengenommen haben."

Von Einzelerwähnungen abgesehen, haben sich erst die Humanisten und ihre Epigonen der Gestalt Severins wieder in höherem Maße angenommen. Es ist aber bei ihnen weniger eine literarische Beschäftigung mit dem Heiligen als vielmehr eine Rezeption der Vita, begünstigt durch den neu erwachten Patriotismus; die seit *Otto von Freising* († 1158) gängige Identifikation von Favianis mit Wien fand in diesem Sinne meist williges Gehör. Ohne näher darauf einzugehen, verweisen wir auf den Wiener Schottenabt *Martin von Leipnitz* (Senatorium sive Dialogus Historicus, Mitte des 15. Jahrhunderts), auf das Gedicht des *Johannes Stabius* „ad sanctos Austriae patronos", zu dem Dürer seinen bekannten Holzschnitt mit den Schutzheiligen Österreichs schuf (1515 bzw. 1517), auf *Johannes Cuspinian* (vgl. seine „Austria" um 1528), *Wolfgang Lazius* (Mitte 16. Jahrhundert), *Caspar Bruschius* (1553), *Aventinus* („Bayerische Chronik", 1566), *Marcus Welser* (Druckausgabe der „Vita" von 1595), *Matthäus Rader* (Bavaria Sancta, 1615), *Petrus Lambecius* (1669) u. a. Darüber hat *E. K. Winter* ausführlich gehandelt.

Mit Matthäus Rader wurde ein Mitglied der Gesellschaft Jesu erwähnt. Diesem Orden verdankt die Severinverehrung besonders seit dem 18. Jahrhundert einen mächtigen Aufschwung, vor allem durch die Person des bekannten Volksmissionars *P. Ignatius Querck.* Während seines langen Wirkens sowohl in Passau als auch in Wien setzte er entscheidende Impulse in dieser Richtung. Von ihm stammt die stark an die „Vita" angelehnte und 1728 erstmals aufgelegte „Lebens-Beschreibung des Heiligen Abbtens und Apostels derer Nortgeyer Severini", die auch „Andachten" zum Heiligen enthält. Darunter finden sich auch zwei „Rufe" zu Severin, die sicher einmal als Lieder gesungen wurden. Der eine, aus acht Strophen bestehend, beginnt so:

„Bitt Gott für mich, Sankt Severin!
Damit, weil ich erschaffen bin,
Um ewig selig einst zu sein,
Ich dieses suche nur allein."

Die erste Zeile wird auch bei allen übrigen Strophen (mit Ausnahme der letzten) wiederholt. Der zweite Ruf ist speziell auf die Severin-Kirche in Passau-Innstadt abgestimmt. Die erste der insgesamt zwanzig Strophen lautet:

„Pfarr-Patron Sanct Severin,
Der du nächsten bey den Yhn (= Inn)
Als ein vorgesetzter Abbt
Hast dein Cell und Closter ghabt."

Das Büchlein enthält auch eine Severin-Litanei und eine nach Art des Breviers aufgebaute „Andachts-Übung in Form deren sieben Tagszeiten", die nicht frei sind von Wiederholungen aus den erwähnten „Rufen". Der fünfstrophige „Lobgesang" zur „Mette" fängt z. B. so an:

„Sanct Severin der heilig Abbt
Von Gott mit großer Gnad begabt
Ist würdig, dass er auf der Erd
Von uns gelobt, geehret werd."

Auch zu den übrigen „Tagzeiten" wurden in ähnlicher Manier je fünf Strophen gesungen.

Es konnte nicht ausbleiben, dass man den oben erwähnten, speziell auf Passau bezogenen „Ruf" auf Wien umdichtete. Mit der neu einsetzenden Severin-Verehrung in Wien-Heiligenstadt gegen die Mitte des 18. Jahrhunderts wird diese Umdichtung erfolgt sein. Wie das Passauer Lied besteht auch die Wiener Version aus zwanzig Strophen und beginnt ebenfalls mit der Zeile „Pfarr-Patron Sanct Severin". Die Anlehnungen sind so stark, dass ein Zusammenhang unverkennbar ist. Das Lied wird übrigens noch heute gesungen. Als Belege seien die 5. und die 13. Strophe angeführt:

„Wo jetzt Sanct Jakob's Kapell',
Stand damals die Kirch' und Zell',
Die durch Deine Heiligkeit
Ward berühmt zu jener Zeit."

„Eben hier zu Heil'genstadt
Ward Dein Leib zur Erd' bestatt',
Viele Wunder wirkte Gott
Bei dem Leichnam nach dem Tod."

Auf einem zu Wien ebenfalls im 18. Jahrhundert erschienenen und von den Jesuiten verbreiteten Gebetszettel findet sich ein vierstrophiger „Lob-Gesang an den Heiligen Abbt Severinum".
Als Beispiel folgt die 4. Strophe:

„Weil du nun unser Wunder-Mann!
so mächtig schon auf Erden,
Wird ja dein Macht in Himmel nicht
geschmählert können werden.
So schütze denn das ganze Land
von allen Übel gnädig,
Dass deine Vorbitt uns erfreu,
hier zeitlich und dort ewig."

Zwei Seiten aus dem Severin-Gedicht von Ladislaus Pyrker, Wien 1842 (siehe Abb. S. 80/81).

XXXIII.

Der heilige Severinus,

der Apostel Oestreichs.

(Fünftes Jahrhundert.)

Aus Osten schwebt im rosenlichten Morgen
Die hehre Sonne strahlendhell heran:
Ihr eilet, vor dem Grau'n der Nacht geborgen,
Die Freud', im ungehemmten Flug, voran,
Und wie vor ihr entschwinden Gram und Sorgen,
Vollendet sie den Lauf, den sie begann,
Um auf dem Erdenrund nach allen Seiten
Des Segens reiche Fülle zu verbreiten.

So kam von Osten Severin herüber
Nach Noricum, dem Land, das Oestreich heißt,
Und überall, wohin er kam, vertrieb er
Den Götzendienst, erfüllt von Gottes Geist:
Denn jede Marterqual ertrug er lieber,
Als jenen Anblick, der sein Herz zerreißt,
Wenn Sterbliche, getäuscht durch falsche Lehren,
Die todten Götzen, sinnverrückt, verehren.

Er wohnt' im Wald, in einer engen Zelle,
Nicht weit von Fabianas Stadtgebieth:
Nun breitet Wien sich aus an dessen Stelle;
Dann dort wo jetzo Stockerau erblüht,
Zu Astura, und an des Isters Welle,
Zu Cucullis, wo Tuln man heut' ersieht;
Sofort in Kunzing, fern im Land der Baiern.
Wer sollte nicht noch eine Stelle feiern?

Sie hieß Juvavia — nun Salzburgs Eden,
Deß' hoher Zauber alle Welt entzückt;
Und überall, bekehrt durch Feuerreden,
Folgt ihm das Volk, zu Christi Reich, beglückt,
Und uberall umfängt er, rettend, Jeden,
Den herbe Noth in all dem Jammer drückt,
Mit welchen Svewen, Hunnen, und Awaren,
Den Völkern dort zur blut'gen Geißel waren.

Als nun sein Geist in Cucullis erkannte:
Nicht alle hingen Christo wahrhaft an,
Da wars, daß er sich so zu ihnen wandte:
»Bringt jeder eine Kerze schnell heran!«

Das 19. Jahrhundert mit seiner so intensiven Rückbesinnung auf das Mittelalter hat Severin zu einer Lieblingsgestalt des Gedichtes gemacht. *Johann Nepomuk Vogl* schrieb zwischen 1840 und 1850 seine Ballade „Der Mönch von Sievering" (in *J. Gebhart*, vgl. Bibliographie). Die volksetymologische Herleitung des Ortsnamens von „Severin" hatte damals längst Platz gegriffen. Der Heilige wird als Patron des Weinbaus vorgeführt, dessen Geist nächtens durch die Riede wandelt und die Reben segnet:

„Sei gesegnet weit und breit,
Land voll Kraft und Herrlichkeit!
Seid gesegnet, ringsumher
All ihr Trauben, goldesschwer;
Sei gesegnet edles Holz,
D'raus erwächst der Winzer Stolz ..."

Johann Ladislaus Pyrker behandelt in den 1842 erschienenen gereimten „Legenden der Heiligen" auch den hl. Severin. Das entsprechende Gedicht trägt die Überschrift „Der heilige Severinus, der Apostel Österreichs". Dieser wird mit der Sonne verglichen, durch deren Aufgang die Finsternis des heidnischen Götzendienstes vertrieben wird:

„Und überall wohin er kam, vertrieb er
Den Götzendienst, erfüllt von Gottes Geist:
Denn jede Marterqual ertrug er lieber,
Als jenen Anblick, der sein Herz zerreißt,
Wenn Sterbliche, getäuscht durch falsche Lehren
Die toten Götzen, sinnverrückt, verehren."

Das graphisch schön gestaltete Werk macht den Eindruck eines Gebetbuches und bringt zu Severin einen Holzschnitt mit der Totenerweckung des Silvinus durch den Heiligen (vgl. „Vita", Kap. 16).

Die zehnstrophige Ballade „St. Severinus" von *Willibald Beyschlag*, geschrieben um 1842/43, ist von einer Verfallsstimmung geprägt. Severin muss den Zusammenbruch des Römischen Reiches erleben und tröstet sich abschließend mit dem Gedanken an das ewige Reich.

„Vergangen ist an diesem Tag
das Reich der Reiche dieser Zeit;
Herr, dein Reich komme, das da bleibt
von Ewigkeit zu Ewigkeit."

Das der Jahrhundertmitte angehörende Gedicht „St. Severin" von *Th. Bornowski* ist im Balladenstil gehalten (in: *L. Lang*, vgl. Bibliographie). Auch diese Dichtung siedelt Favianis in Wien an. Inhaltlich schildert sie den Getreidetransport aus Rätien für die hungernde Bevölkerung (Kap. 3 der „Vita"). Als man erfahren hatte, dass die ersehnten Schiffe im Eis festgefroren seien, wendete man sich vertrauensvoll an Severin:

„Ihr wisst zu trösten, wo Alles klagt,
Zu helfen wisst ihr, wo Alles zagt;
So rette die Stadt vom nahen Verderben,
Sonst müssen wir Alle des Todes sterben."

Durch das Gebet des Heiligen kommt es zur ersehnten Eisschmelze; der Transport kommt schließlich wohlbehalten an:

„Und es kam die Gnade zur Erde nieder,
Was starr gewesen, erwarmte wieder,
Es schmolz die eisige Rinde der Herzen,
Sie lagen zerknirscht in Reueschmerzen."

Das bekannteste Severin-Gedicht, das noch unsere Eltern in der Schule auswendig gelernt haben, stammt von *Martin Greif*. Es muss vor 1881 geschrieben worden sein, da eine Widmung des entsprechenden Gedichtbandes mit diesem Jahr datiert ist. Das mit „König Odoaker" überschriebene, in fünf neuen Nibelungenstrophen abgefasste Poem hat die Begegnung Severin – Odoaker zum Gegenstand und beginnt mit den Versen:

„Bei Faviana in der Klause,
fern dem lauten Weltgetümmel,
Saß der heil'ge Severinus,
blickend in den Abendhimmel."

Es endet mit den prophetischen Worten des Heiligen an den Skirenfürsten:

„Fahre hin getrosten Mutes!
Heute arm an Glückes Gaben,
Wirst du bald schon vielen Völkern
vieles auszuteilen haben: –
König Odoaker heißen
wirst du und auch Rom besiegen,
Und es wird in deinen Händen
das Geschick der Erde liegen."

Ende des 19. Jahrhunderts besorgte *Sebastian Brunner* eine sehr freie Umdichtung eines lateinischen Severin-Hymnus. Einige Strophen seien als Probe angefügt:

„Als noch Nacht das Land bedecket,
Hast zum Glauben du erwecket
Und geleitet durch Gefahren
Die dir anvertrauten Scharen.

Gott hat dich in uns're Mitte
Hergesendet voll der Güte
Und zum Lohne dich berufen,
Hin zu seines Thrones Stufen.

Bitt für uns bei Gottes Sohne,
Dass wir einst vor seinem Throne,
Nach des Lebens Not und Peinen
Dort im Himmel uns vereinen."

In einer Severin-Festschrift, Wien 1882, erschien ein anonymes, zwölfstrophiges Gedicht zu Ehren des Heiligen, das seine Tugenden und missionarischen Leistungen behandelt. Der Refrain, mit dem jede Strophe endet, lautet:

„Für Österreich bei Gott erfleh,
Dass stets es fest im Glauben steh,
O heil'ger Severinus."

Drei Severin-Gedichte enthält das 1912 von *Josef Wichner* herausgegebene Buch „Die goldene Wachau". Eines davon, mit der Überschrift „Faviana", stammt von *Johanna Dirnböck- Schulz;* die Verfasserin setzt in dieser (1894 geschriebenen) Ballade, in der sie Severin als „Abt von St. Agapit" bezeichnet, Favianis mit Mautern gleich:

Heut rauschen Donaufluten,
jetzt rinnt der Wellensand,
Wo einstmals Faviana,
das Römerlager stand."

Das in dem Buch ebenfalls enthaltene Gedicht „Odoaker – Severin" von *Albert Möser* befriedigt poetisch und sachlich in keiner Weise. In völliger Verkennung der historischen Situation fordert Severin den Odoaker zum Sturz des Kaisers Romulus Augustulus auf; er tut dies mit den Worten:

„... Schau ich dich prüfend an,
zu tücht'ger Tat bist du der tücht'ge Mann ...
Doch dass nicht mangle, was Gedeihn erst leiht
Durch meinen Segen sei zur Tat geweiht."

Das dritte der von Wichner aufgenommenen Gedichte ist von *Martin Greif* und wurde oben schon besprochen.

Aus jüngster Zeit seien zwei Liedtexte herausgegriffen, die von den Brüdern Kronsteiner vertont wurden. Der eine entstand in der für die Kirche schweren Zeit des Nationalsozialismus (Jänner 1945). Die Worte der fünf Strophen schrieb der Salesianerpater *Josef Zipser,* die Melodie ist von *Joseph Kronsteiner.* Die Zeitsituation hört man am deutlichsten aus der zweiten Strophe heraus:

„St. Severin, mit starker Hand
trugst du das Kreuz in unser Land.
Nun will der Feind es rauben.
Erhebe deinen Stab mit Macht,
halt schirmend vor dem Kreuze Wacht!
Mach uns stark im Glauben!"

Das zweite Lied ist eine Schöpfung von *Hermann Kronsteiner* aus dem Jahr 1959. Auch dieses Lied besteht aus fünf Strophen. Der Text wurde von *Carl Martin Eckmair* geschrieben. Die 1. Strophe lautet:

„Gott sandte ihn von Osten her
den Völkern Heil zu bringen.
Zu unserm Trost, zu seiner Ehr
soll dieses Lied erklingen.
Sankt Severin, zu deiner Zeit
trugst du ein rauhes Pilgerkleid.
Du lebtest mit den Armen.
Nun blick aus deiner Herrlichkeit
hernieder auch auf diese Zeit,
dich unser zu erbarmen."

In dem mehrmals aufgelegten Epos „Die Ennswaldeiche" (1. Aufl. 1909; 3. Aufl. 1934) hat der St. Pöltner Theologieprofessor *Josef Wagner* den 4. Gesang („Am Abend einer großen Welt") dem hl. Severin gewidmet. Die uralte Eiche erzählt von der Vergangenheit des Landes, in diesem Fall vom Zusammenbruch des Römerreiches.

Wir erleben den Flüchtlingsstrom aus Lauriacum, die Panik der Menschen und den Heiligen als Tröster und Helfer. Das Fluchtgeschehen hat der Dichter mit dramatischen Worten beschrieben:

„... jetzo schob ein ganzes Volk im Wandern
Sich fort, der Raupe gleich, die Ring um Ring
Verengt und weitet; einer trieb den andern;
Weh dem, der sich zu rasten unterfing!
Ein Stoßen gab's, ein Zerren und ein Treten,
Wer fiel, dem half kein Fluch3en und kein Beten."

Mit dem Ende des 19. Jahrhunderts setzen auch dramatische Versuche ein, die Ereignisse aus der Zeit Severins zum Inhalt haben. Aus dem Jahr 1896 stammt „Der heilige Severin, der Apostel Noricums" von *Karl Landsteiner*. Der Text war als Grundlage für ein Oratorium oder Singspiel gedacht. Es werden drei Szenen aus dem Leben des Heiligen herausgegriffen und zusammenhanglos aneinandergereiht: Die Befreiung der Stadt Comagenis; die Befreiung Gefangener aus den Händen der Rugierkönigin Giso; die Begegnung zwischen Severin und Odoaker „ad vineas". Diese Örtlichkeit wird in eine Hütte der Sieveringer Weinberge verlegt. Severin tritt als Seher auf, der dem Land seines Wirkens (Österreich) eine große Zukunft verheißt. In die oft holprigen Verse sind mehrere Chöre und lyrische Intermezzi eingefügt.

Viel anspruchsvoller ist das „Weihefestspiel mit Chören" von *Richard Kralik*: „Das Donaugold des heiligen Severin" (geschrieben 1898, gedruckt 1906). Als bewusstes Gegenstück zu Richard Wagners „Rheingold" konzipiert, greift es neben der „Vita Severini" vor allem auf die Wielandsage zurück. Kralik verlegt in seinem einaktigen Stück das Geschehen nach Wien-Heiligenstadt. Severin ist im Besitz eines unerschöpflichen Goldschatzes. Sobald dieser für den Loskauf Gefangener fast aufgebraucht ist, erneuert er ihn mittels einer Zauberrute. Als man nach dem Tod des Heiligen seine Schatztruhe öffnet, liegt ein hölzernes Kreuz darin. Dieses also war sein Zauber und der Schatz, durch den ihm seine Vorhaben gelangen. Der Oper Wagners mit ihrer heidnischen Symbolik wird so eine christliche entgegengesetzt. Zum Abschluss des Spieles singt der Chor:

„So lasst uns das Kreuz mit dem goldenen Schmuck
Zur Höhe des Berges tragen
In feierndem Zug; dort möge es stets
Als Erbe des Heiligen ragen!
Sein Geist bleibe fürder dem Lande noch hold,
So lange die Donau die Stätte hinrollt!
Donaugold, Donaugold, Strahl' bis zu spätesten Tagen!"

1911 brachte *Siegfried Grimhagen* im Eigenverlag sein Schauspiel in fünf Aufzügen „St. Severin" heraus. Das wirklichkeits- und geschichtsferne Stück in fünffüßigen Jamben interessiert sich vor allem für das germanische Umfeld Severins. Der Autor wollte zeigen, wie Heiden den Weg zum Christentum finden. Daher treten sowohl Odoaker (hier dem Stamm der Heruler zugehörig) als auch die Rugierkönigin Giso zunächst als Heiden auf. Der Konvent Severins besteht aus lauter bekehrten Germanen.

Der Lilienfelder Zisterzienser *P. Bartholomäus Widmayr* schrieb das Schauspiel in vier Aufzügen „Sankt Severinus" (um 1926). Als Hauptgestalten fungieren Severin und Gisa (!). Das dichterisch schwache Stück ergeht sich in einer drastischen Schilderung des Charakters der Gisa „als zungenfertige Xantippe" (M. Krzisch).

Zweimal aufgeführt wurde das „Drama in einem Akt" mit dem Titel „St.-Severinus-Spiel Lauriacum" von *Waldemar Albert* in Enns, nämlich 1927 und 1932. Angaben der Vita wurden mit eigenen Erfindungen des Autors vermengt. Alle wichtigen Episoden im Leben des Heiligen (Proculaszene, Krankenheilungen, Feindüberfall, Goldschmiedszene, Abzug der Romanen) haben Enns zum Schauplatz. Während Severin das Christentum und die kommende Zeit verkörpert, ist der reiche römische Bürger Metellus der Inbegriff des alten, dem Verfall ausgesetzten Römertums. Der Grundgedanke des Stückes wird in die Severin in den Mund gelegten Worte gefasst: „Die Macht zerfiel, auf dass die Liebe herrsche."

Das jüngste, schon im Hinblick auf das Severinjahr 1982 verfasste und noch unveröffentlichte Drama zum Gegenstand stellt *Walter Hesslers* Volksschauspiel „Severin" in vier Akten (1981) dar, das Wert auf eine lebendige Szenenfolge legt.

1981 entstand auch das Severin-Oratorium von *Augustinus Franz Kropfreiter.* Den Text in rhythmischer Prosa schrieb *Eduard C. Heinisch,* und zwar unter Zugrundelegung von Worten der „Vita" und der Bibel. Das Ölwunder von Lauriacum wird z. B. wie folgt beschrieben:

„Als sich in Lauriacum
zur Zeit des Rückzugs der Römer von der oberen Donau
viele Flüchtlinge sammelten,
drohte der Stadt eine Hungersnot.
Da rief Severin die Ärmsten mit ihren
leeren Gefäßen in die Basilika,
flehte den Namen Gottes an
und aus den Krügen der Helfer Severins
wurden in wunderbarer Vermehrung
alle Gefäße der Armen gefüllt mit Öl."

Am eingehendsten hat sich bisher mit dem hl. Severin, wenigstens dem Umfang nach, die Prosadichtung beschäftigt.

Durch eine Kontamination der Salzburger Maximuserzählung mit jenem Bericht der „Vita", der über „Maximianus" handelt, sowie durch eine Verwechslung von Ioviaco mit Iuvavo, kam es zur Ausbildung einer eigenen *Legende.* Maximus, eine Gestalt des frühen Christentums in Salzburg, soll bei einem Einfall der Barbaren mit 50 anderen Christen von einer Felswand gestürzt worden sein. Durch Angleichung an die „Vita Severini" ließ man nun Maximus (nach dem Vorbild des Maximianus aus Ioviaco) durch den Strick sterben, seine Gefährten aber durch das Herabstürzen vom Berg (vgl. „Vita", Kap. 24).

Zwei *Sagen* knüpfen an Severin als Kirchengründer an.

Wo heute das Gotteshaus von Wien-Heiligenstadt steht, soll sich einst ein Wotanshain befunden haben. Severin stürzte den vorhandenen Opferstein, verschüttete die kultische Quelle und baute dem Christengott einen Altar (vgl. „Döbling, Eine Heimatkunde", Bd. 1, Wien 1922, S. 124).

In Sievering soll Severin eine Kapelle an der Stelle einer Höhle errichtet haben, in der früher ein furchtbarer Drache gehaust hatte (ebd., S. 260).

Beide Sagen sind Einkleidungen für die siegreiche Überwindung des Heidentums durch das Christentum (die „Vita" bringt allerdings Severin damit nur im Falle von Cucullis/Kuchl in Verbindung) und für die Kirchenbautätigkeit des Heiligen, wobei hier in Anlehnung an die volkstümliche Überlieferung eine Verlegung des Geschehens nach Wien erfolgt. Über das Alter der Sagen lassen sich keine genauen Angaben machen; sie dürften jedoch nicht über das 18. Jahrhundert zurückreichen.

Von einer eingehenden Behandlung der erbaulichen Lebensbeschreibungen Severins, wie sie sich in zahlreichen „Heiligenlegenden" finden, möchten wir absehen. Meist handelt es sich dabei um unkritische Nacherzählungen der „Vita" mit ein- oder angefügten Nutzanwendungen für den Leser. Als Beispiele seien *Alban Stolz,* „Legende oder der christliche Sternenhimmel" (Freiburg i.B. 1851/2); und *Ludwig Donin,* „Leben und Thaten der Heiligen Gottes" (Bd. 1, Wien [2]1861) erwähnt.

Seit dem Ende des 19. Jahrhunderts ist Severin auch wiederholt zum „Romanhelden" geworden. Zu nennen ist *Jenny Dirnböck-Schulz* mit ihrem zweibändigen Werk „Favianis" (1895). Der erste Band trägt den Titel „Der Abt von St. Agapit" und schildert in 30 Kapiteln das Wirken des Heiligen vornehmlich in Favianis-Mautern. Der Autorin unterlaufen zahlreiche historische Fehler. Da ihr Interesse vor allem den Germanen gilt, Severin aber Römer ist, gerät sie von vornherein in Schwierigkeiten. So begegnet der Heilige z. B. als Missionar, der die „heidnischen" Rugier zum Christentum bekehrt.

Auch *Ferdinand Zöhrer* geht es, wie schon der Titel des Buches „Severinus oder Ein Kampf ums

Kreuz" (1900) erkennen lässt, um die missionarische Leistung des Heiligen. Favianis wird in Heiligenstadt angesiedelt, das Kloster wird nach Art eines mittelalterlichen Stiftes geschildert. Bischof Constantius von Lorch wird zum Schüler Severins. Die Zielsetzung des Werkes ist die Erbauung des Lesers.

Den Schwerpunkt auf eine der Gestalten im Umkreis Severins legt *Joseph Cüppers* in seinem Roman „Die Königin der Rugier. Erzählung aus den Zeiten der Völkerwanderung" (1906). Der Verfasser kontrastiert darin Severin mit seiner Rivalin Giso.

Bald nach dem zweiten Weltkrieg erschien der bisher beste Severin-Roman, *Peter Dörflers* „Severin, der Seher von Noricum" (1947). Während der Dichter das Leben des jungen Severin, das er auf den klassisch-christlichen Boden Nordafrikas verlegt, frei nach seiner Phantasie gestaltet, folgt er im Kapitel über das Wirken des Heiligen in Ufernorikum im Wesentlichen der „Vita". Die entscheidende Wende wird für Severin die Bekanntschaft mit dem ägyptischen Mönchtum. Dadurch wird er für seine Aufgabe im Donauland vorbereitet.

Im Vordergrund des Romans „Leben am Strom" von *Emmy Feiks-Waldhäusl* (1949) steht das Schicksal der Donaulande nach dem Tod des Hunnenkönigs Attila, geschildert am Beispiel der Familie des Gutsbesitzers Vindo aus Cetium. In der Mitte des Buches lässt die Verfasserin den hl. Severin, eine vergeistigte, geheimnisvolle Gestalt, handelnd auftreten. Seine Leistung besteht darin, dass er den Menschen auch im Zusammenbruch noch einen Sinn aufzuzeigen vermag.

Ein seltsames Produkt der Phantasie ist das Buch des Heiligenkreuzer Zisterziensers *Severin Matthias Grill* „Die Friedensfürstin. Ein theologischer Roman aus dem 5. Jahrhundert" (1949). Hier kommt Severin im Auftrag der oströmischen Kaiserin Pulcheria (399 bis 453) an die obere Donau, um den bedrängten Romanen beizustehen. Voraus geht eine eigenartige Bekehrungsgeschichte, die in Form einer Vision der Pulcheria erzählt wird: Severin hatte einst, beim Einfall der Wandalen in Afrika (431), sein Volk in der Not verlassen und war nach Ägypten, dann nach Syrien geflohen. Hier fragte er Simon den Säulensteher, wie er sein Gewissen wieder beruhigen könne. Simon erteilte ihm den Rat, nach Norikum zu ziehen, auf dem Weg dahin aber die Herrscherin zu stärken. So kam es zur Begegnung zwischen dem Mönch und der Kaiserin. Er segnete sie, sie aber gab ihm den Sendungsauftrag.

In dem neuesten Severin-Roman „Geduldet euch, Brüder" (1979) von *Alexander Giese* erzählt der Heilige sein eigenes Leben. Giese lässt ihn Notar am Hofe König Attilas sein, wohin er dem Orestes gefolgt war, nachdem er Rom und Byzanz den Rücken gekehrt hatte. Nach dem Zusammenbruch des Hunnenreiches begab sich Severin nach Ufernorikum. Nun folgt die Darstellung Gieses im Wesentlichen der „Vita", kommt aber nicht ohne erdichtete Personen und Handlungen aus. So gesellt der Autor dem Heiligen z. B. eine stumme Begleiterin namens Felicitas zu. Eingeflochten werden gelegentliche Reflexionen, wie solche über das Wesen der Prophetie, die Funktion kirchlicher Ämter, die Situation der Kirche im damaligen Norikum, die Bedeutung des Mönchtums und das Paradox des christlichen Politikers.

Dem Typus der Jugenderzählung sind drei literarische Werke unserer Zeit zuzurechnen, die ein junges Lesepublikum mit der Gestalt Severins vertraut machen wollen. Es handelt sich im Einzelnen um *Gerhart Ellert*, „Der Goldschatz" (1956), *Franz Braumann*, „Sankt Severin, der Heilige von Norikum" (1956) und *Walter Hessler*, „Barfuß im Schnee" (noch unveröffentlicht). Dieser Überblick hat gezeigt, dass man sich vor allem seit der Mitte des 19. Jahrhunderts – und noch häufiger im 20. Jahrhundert – dem Severinthema zugewendet hat, ein Ergebnis, das sich in etwa mit dem Befund des Kapitels „Severin in der Kunst" deckt.

Schluss

Es ist die Absicht dieses Buches, den Menschen der Gegenwart die Gestalt eines großen Heiligen zu vermitteln. Severin war ein „geistlicher Mensch", er war aber auch ein „politischer Heiliger". Der Mann von hoher Abstammung, der einst wichtige Staatsämter innehatte (auch wenn wir diese nicht genau benennen können), zog es zwar vor, „die Welt zu verlassen" und Gott „als Mönch zu dienen", er war aber dennoch bereit, den in der Zeit der Völkerwanderung vielfach bedrängten Menschen in Ufernorikum mit seinen Kenntnissen, Erfahrungen und einflussreichen Beziehungen tatkräftig beizustehen, wann immer sie seiner Hilfe bedurften. „Durch mutige und kluge staatspolitische Maßnahmen konnte er manche blutige Auseinandersetzung zwischen den aufeinanderstoßenden Völkerschaften verhindern und den sich vor der Übermacht der Germanen allmählich zurückziehenden Romanen ihre hohe Kultur und ihren Glauben retten" *(E. Marckhgott)*.

Severin ist es gelungen, die ständige Spannung zwischen Weltabkehr und äußerer Aktivität, zwischen „contemplatio" und „actio" nicht nur auszuhalten, sondern an ihr zum Heiligen zu werden. In unserem hektischen und bedrohten Zeitalter können wir gerade das von ihm lernen: wie wichtig es ist, unser äußeres Tun aus dem Gottesglauben zu motivieren, dem Konsumdenken unserer Tage den Verzicht und dem Egoismus den Altruismus entgegenzustellen.

Der evangelische Kirchenhistoriker Albert Hauck († 1918) hat Severin einmal als eine Persönlichkeit bezeichnet, zu der es keine Parallele in der Geschichte gibt. Und der große Meister der deutschen Kulturgeschichtsschreibung Jacob Burckhardt († 1897) hat bekannt: „St. Severin ist für mich einer der größten Sterblichen, und sein Altar zu Neapel ist mir ein Heiligtum." Solche Aussagen, die der überragenden Bedeutung Severins Rechnung tragen, sind nicht ganz in Einklang zu bringen mit den Ergebnissen der Verehrungsgeschichte, die in diesem Buch erstmals – wenigstens in Grundzügen – nachgezeichnet wurde. Einer der Gründe für den zeitweise stark zurücktretenden Kult ist sicherlich der, dass bei Severin Wirkungs- und Begräbnisstätte nicht zusammenfallen.

Das Ergebnis der Verehrungsgeschichte ist aber auch wieder nicht so negativ, als vermutet worden ist.

In *Neapel* gab es, solange dort das Benediktinerkloster bestand, einen sehr lebendigen Kult, der in Meisterwerken der Kunst (Severinkirche, spätgotischer Altar) seinen sichtbaren Ausdruck fand und seine große Strahlkraft bewies (Sizilien, Capri, Rom). Erst die Säkularisierung des Klosters und die Translation der Reliquien nach Frattamaggiore am Beginn des 19. Jahrhunderts bedeuteten das Ende jener intensiven Verehrung.

In *Passau* scheint der Kult, auch wenn er nicht zu allen Zeiten die gleiche Dichte aufzuweisen hat, eine echte Kontinuität zu haben. Nach der Überzeugung des Volkes hatte Severin seine Zelle bei der Friedhofskirche in Passau-Innstadt gehabt. Nach negativen Ergebnissen der Archäologie der zwanziger Jahre haben neueste Grabungen den historischen Kern dieser alten Überlieferung bestätigt. 903 vermachte Chorbischof Madalvin dem Passauer Bischof Burkhard ein Exemplar der „Vita S. Severini". 1143 wird das Severinpatrozinium urkundlich bezeugt. Schon vorher, nämlich 1073, ist eine regelrechte Wallfahrt hierher feststellbar. Der Neubau der Kirche Ende des 15. Jahrhunderts, zahlreiche spätgotische und barocke Kunstwerke, volkstümliche Lieder und Litaneien sowie Bilder und Statuen des 19. Jahrhunderts markieren Höhepunkte der Verehrung. Man muss allerdings zugeben, dass dazwischen die Zeugnisse für den

Kult eher spärlich sind. An einen völligen Abbruch der Verehrung ist aber kaum zu denken, wie gerade die erwähnte Volksüberlieferung beweist.

In *Österreich* dokumentiert die Verbreitung der „Vita S. Severini" seit dem 11. Jahrhundert das Interesse an Severin. Die Gleichsetzung von Favianis mit Wien durch *Otto von Freising* († 1158) in seinen „Gesta Friderici", die auch in die Stiftungsurkunde des Wiener Schottenklosters durch Herzog Heinrich II. Jasormirgott († 1177) Eingang gefunden hat (FRA 18, 1.6), hat in der Folge nicht nur „zur Hebung des dynastischen wie auch des landschaftlichen Selbstbewusstseins" *(A. Lhotsky)* geführt, sondern auch zur Zunahme der Verehrung des Heiligen beigetragen.

Eine regelrechte Severinrenaissance setzte um die Mitte des 18. Jahrhunderts ein. 1744 wählte sich die Pfarre Wien-Heiligenstadt Severin zum Schutzpatron; sie erlangte damals eine Reliquie des Heiligen aus Neapel und schuf sich ein (noch heute gesungenes) Lied zu dessen Verehrung; darin wird u. a. gesagt, dass sich die Sterbezelle Severins an der Stelle der Jakobskirche von Heiligenstadt befunden habe.

Im 19. Jahrhundert hat der 1848 in Wien gegründete St.-Severinus-Verein einen wichtigen Beitrag zur Verehrung des Heiligen geleistet, ebenso die Katholische Österreichische Studentenverbindung Norica, die sich Severin zum Patron erwählt hat (1883).

Obwohl seit eben dieser Zeit *(F. Kenner)* in der Fachwelt Favianis mit Mautern a. d. D. identifiziert wird, wurde in Wien-Heiligenstadt daran festgehalten, dass Severin hier gestorben sei. Es war daher eine echte Sensation, als im Jahr 1952 an dem Ort, von dem das schon erwähnte Lied sagt: „Eben hier zur Heil'genstadt / Ward Dein Leib zur Erd' bestatt'", ein spätrömisches Leergrab freigelegt wurde. *K. Kramert* und *E. K. Winter* vertraten in mehreren Schriften mit Nachdruck die Auffassung, die erste Grablege Severins gefunden zu haben. Jedenfalls ist festzuhalten, dass – trotz heftiger Kontroversen und einem Abrücken der Fachgelehrten von den Thesen Kramerts und Winters – die archäologische Entdeckung von Heiligenstadt einen kräftigen Impuls für die Severinverehrung bedeutet hat. Die 1956 gebildete „Arbeitsgemeinschaft St. Severin", aus der 1959 die „St.-Severin-Bruderschaft" hervorging, ist vor allem bemüht, die Lebensregel Severins („Bete, faste, sei barmherzig!") für unsere Zeit fruchtbar zu machen. Die Erinnerung an Severin soll gepflegt, sein Leben nachgeahmt und nach seinem Vorbild soziale Leistungen vollbracht werden. Die Vereinigung zählt über 100 Mitglieder. Die seit 1972 in Wien bestehende „Gruppe C", eine „Arbeitsgemeinschaft für soziale Dienste" mit etwa 100 Mitgliedern, die junge Menschen zwischen 16 und 25 Jahren erfasst, will notleidenden Menschen selbstlos helfen und sich hierfür ebenfalls am Beispiel Severins ausrichten.

Bereits im Hinblick auf das 1500-Jahr-Jubiläum formierte sich in Enns der St.-Severin-Hilfsdienst. Auch diese Vereinigung von etwa 15 Personen möchte alten, kranken und hilfsbedürftigen Menschen im Geiste Severins dienen.

Die Festfeiern anlässlich des 1500-Jahr-Jubiläums in Enns-Lorch, Mautern, Wien-Heiligenstadt, Passau und Künzing waren Anlass, den Menschen von heute durch Schrift und Wort mit Severin und seinem Werk vertraut zu machen. Ganz bewusst wollte man sich dabei nicht mit historischer Erinnerung begnügen, sondern auch dazu anregen, dass sich wieder viele an dem exemplarischen Leben des großen Heiligen orientieren.

Gerade uns, die wir im Land seines Wirkens leben, soll sein Erbe eine bleibende Verpflichtung sein.

Nachträge

Dieses Buch wurde im Severin-Gedächtnisjahr 1982 erstmals aufgelegt. Obwohl der Autor keinen Anlass sieht, Änderungen am Text vorzunehmen, möchte er die Möglichkeit nützen, einige Ergänzungen anzubringen. Die Verehrung des Heiligen hat seit dem Jubiläumsjahr 1982 (Erinnerung an das Sterben Severins vor 1500 Jahren) erfreulich zugenommen, was sich auf vielfache Weise zeigt.

Reliquien stellen einen unmittelbaren Bezug zu einem Heiligen her. Im Falle Severins haben in jüngster Zeit mehrere Reliquien einen neuen Bestimmungsort gefunden. In der Pfarrkirche Künzing - St. Laurenz (Diözese Passau) konnte 1989 eine Severinreliquie, die sich als so genannte „Klosterarbeit" (Filigrantechnik) aus der Barockzeit präsentiert und aus Privatbesitz stammt, in den neuen Volksaltar eingefügt werden. Das Reliquiar wurde so angebracht, dass es für die Kirchenbesucher sichtbar ist.

Ebenfalls in Künzing, im neuen, 2001 eröffneten Archäologie-Museum Quintana, finden sich zwei Kapseln mit Severinreliquien, welche der Museumsverein Künzing samt Authentik aus Rom erhielt. Sie sind in die vom Bildhauer Leopold Hafner (Aicha v. Wald) geschaffene Severin-Säule integriert, die in dem Raum aufgestellt ist, welcher der Severin-Grafik (vgl. den Abschnitt „Der hl. Severin in der Druckgrafik") gewidmet ist. Das Fundament der Säule bildet ein angebrochener roter Marmorblock, der das zerbrechende römische Reich symbolisiert. Daraus entwachsen drei schlanke Bronzesäulen, welche die göttlichen Tugenden Glaube, Hoffnung und Liebe versinnbildlichen. Die Säulchen tragen den Reliquienschrein in Form einer spätantiken Kirche, über der eine Figur des Heiligen thront. Am Fuße der Kirche schlagen Feuerzungen heraus, Zeichen dafür, dass Severin mit seinem christlichen Glauben Licht in das Dunkel der Völkerwanderungszeit brachte. Die Severin-Säule wurde am 8. Januar 2000 von einem jungen Mann und zwei Buben, die den Vornamen Severin tragen, enthüllt und vom Passauer Bischof Franz Xaver Eder gesegnet.

Die Pfarrkirche Tulln – St. Severin (Diözese St. Pölten) erhielt kürzlich ein kleines Sammelreliquiar aus Privatbesitz, eine barocke „Klosterarbeit" mit zehn Knochensplittern verschiedener Heiliger. Das Mittelstück bildet eine Donatus-Reliquie, rechts von ihr findet sich eine Reliquie „S. Severini M[onachi]". Auffallend ist die Einbeziehung einer Reliquie des Papstes Innozenz XI. (1676 – 1689), der zwar bald nach seinem Tod verehrt, aber erst 1956 von Pius XII. seliggesprochen wurde. Diese Feststellungen erlauben eine ungefähre Datierung der Filigranarbeit; sie dürfte dem frühen 18. Jahrhundert angehören. Für dieses Reliquien-Medaillon wurde nun eine moderne, von Josef Weinhub entworfene Monstranz geschaffen, die erstmals 2002 anlässlich des 20-Jahr-Jubiläums der Pfarre und des 1520. Todestages des hl. Severin eine religiöse Verwendung finden wird.

Ein deutliches Zeichen der Severinverehrung ist auch die im Vergleich zu früher viel häufigere Verwendung des Namens Severin als *Tauf- und Ordensname*. Eine systematische Untersuchung zu diesem Thema liegt leider noch nicht vor, so dass es hier bei diesem allgemeinen Hinweis bleiben muss. Besonders erwähnt sei jedoch die Umbenennung des Katholischen Akademikerverbandes der Diözese Linz in „Forum St. Severin". Dieses veranstaltet jährlich am Festtag eine Severin-Akademie, die sich eines regen Besuches erfreut. Am 8. Jänner 1999, sozusagen am Fest der Namensgebung, sprach der Autor zum Thema: „Severin von Norikum – Ein politischer und geistlicher Mensch."

Einen ständigen Beitrag zur Förderung der Severinverehrung möchte auch das *Archäologie-Museum in Künzing* leisten. In einem Raum des Museums wird Fundmaterial aus der Spätantike, jener Geschichtsepoche, in welcher der Heilige auch in Quintanis/Künzing wirkte (Vita Kap. 15, 16, 24, 27), präsentiert. In einem zweiten Raum wird eine Auswahl der Künzinger Grafik-Sammlung gezeigt, die Werner Friedenberger seit dem Jubiläumsjahr 1982 systematisch angelegt hat (vgl. den Abschnitt „Der hl. Severin in der Druckgrafik").

Von neueren *Werken der Kunst* sei besonders verwiesen auf das Severin-Tor der Pfarrkirche St. Severin in Tulln, die unter den Schutz des Heiligen gestellt ist. Das zweiflügelige Bronzetor, das vom Bildhauer Josef Weinhub (Tulln) gestaltet wurde, bildet inhaltlich eine Einheit. Den linken Flügel dominiert die Gestalt Severins, der auf den Betrachter zugeht. Den Hintergrund bilden – noch heute in Tulln vorhandene – römische Bauwerke (Turm, „Porta principalis dextra", Meilenstein). Der rechte Flügel zeigt drei Szenen aus dem Leben des Heiligen (Kerzenwunder in Cucullis/Kuchl, Vita Kap. 11; Heilung eines todkranken Knaben in Comagenis/Tulln, Kap. 23; Bärenwunder, Kap. 28). Das Tor wurde am 27. September 1998 von Pfarrer Anton Schwinner gesegnet und seiner Bestimmung übergeben.

Schon 1991 erhielt eine (um 1500 entstandene) gotische Bildsäule in Enns-Lorch, dem antiken Lauriacum, das in der „Vita S. Severini" eine große Rolle spielt, eine neue Bestimmung. Das fast 7 m hohe Monument, welches nahe der Einmündung der Maria-Anger-Straße in die Lauriacumstraße aufgestellt ist, wurde vom Künstler Josef Priemetshofer mit vier neuen Bildern ausgestattet, welche die „Lorcher Heiligen" zeigen: Maximilian, Florian und Severin sowie die Madonna mit Kind als ehemaliges Patrozinium der 1792 abgetragenen Wallfahrtskirche Maria Anger. Severin ist dargestellt mit Buch und Kreuz und zwei Krügen zu seinen Füßen als Hinweis auf das in Lorch bewirkte Ölwunder (Vita Kap. 28). Die Bilder sind über 1 m hoch und ca. 50 cm breit. „Der Akzent liegt in der Linie, diese ist primäres Ausdrucksmittel der Gestaltung und schafft zusammen mit der Farbe und der Blattgoldauflage einen Konnex zum historischen Umfeld" (J. Priemetshofer). Die Segnung der Bilder nahm der Titularerzbischof von Lauriacum, Gerolamo Prigione, der damalige Päpstliche Delegat in Mexiko, am 13. 10. 1991 im Rahmen einer Festmesse vor.

Nicht unerwähnt darf auch die vielfältige Beschäftigung mit dem Heiligen und seiner Zeit in der *wissenschaftlichen und volkstümlichen Literatur* bleiben. Renate Pillinger konnte für die Jahre ab 1980 an die 130 Titel (Bücher und Aufsätze), von denen die meisten in die Zeit nach dem Severin-Jubiläum 1982 fallen, verzeichnen (vgl. „Bibliographie zur Vita S. Severini"). Die Themen sind weit gestreut, auch handelt es sich dabei keineswegs nur um deutschsprachige Abhandlungen. Es finden sich darunter z.B. russische, japanische, polnische, slowenische, englische und französische Studien, was wiederum das in unserer Zeit vorhandene starke Interesse am Heiligen dokumentiert.

Eigens hervorgehoben seien die Fortschritte der Forschung in Bezug zum severinischen Mönchtum (vgl. die 1997 im Druck erschienene Diplomarbeit von K. Knapp-Menzl über „Mönchtum an Donau und Nil" sowie einen im selben Jahr publizierten Aufsatz von R. Bratož über „Östliche und westliche Elemente im Mönchsideal Severins"). Auf dem Gebiet der Verehrungsgeschichte sei die Diplomarbeit von J. Ch. Brandstätter erwähnt: „Zur Geschichte der kultischen Verehrung des heiligen Severin (Linz 1984; teilweise veröffentlicht 1985 im „Neuen Archiv für die Geschichte der Diözese Linz").

Der hl. Severin in der Druckgrafik

Die Neuauflage dieses Severin-Buches wird ausschließlich mit Darstellungen aus der Grafik-Sammlung des Archäologie-Museums Quintana in Künzing illustriert. Die verwendeten Abbildungen werden in einem „Bildkommentar" erschlossen. Hier sei ein Überblick über die Sammlung selbst, die derzeit ca. 50 Werke umfasst (zur Hälfte Einzelblätter, zur Hälfte Darstellungen in Büchern), geboten.

Chronologie und Funktion der Darstellungen

Der zeitliche Bogen der Severin-Grafik spannt sich vom 16. bis zum 20. Jahrhundert.

Im *16. und 17. Jahrhundert* gibt es noch relativ wenige Severin-Grafiken.

Die früheste Darstellung, *Albrecht Dürers Holzschnitt „Die Schutzheiligen Österreichs"* (1515 bzw. 1517), die wohl im Auftrag Kaiser Maximilians I. entstand, würdigt Severin im Gefolge anderer Heiliger als „zweiten Apostel Österreichs".

Das vierbändige Geschichtswerk *„Bavaria Sancta"* (1615 ff.), das sich mit den bayerischen Heiligen befasst, wurde im Auftrag des bayerischen Kurfürsten Maximilian I. geschaffen. Als Textautor fungierte der Jesuit P. Matthäus Rader. Schon diese Angaben belegen das im Zuge von Gegenreformation und katholischer Erneuerung neu erwachte Interesse an den Heiligen sowie die Rolle, die dabei dem Landesfürsten und den Jesuiten zukam. Illustriert wurde das Werk mit Kupferstichen, die zumeist von Rafael Sadeler d. Ä. stammen und denen Zeichnungen von Matthias Kager zugrundeliegen. Mehrere dieser Stiche betreffen auch das Wirken des hl. Severin (nach den Berichten der „Vita S. Severini").

Auch in der Folge erwiesen sich die Jesuiten als Förderer des Severinkultes und damit auch von Darstellungen des Heiligen in der Kunst, die vor allem der Erbauung dienen sollten.

Im *18. Jahrhundert*, in welchem die Dichte der Severin-Darstellungen zunimmt, steht ebenfalls das religiöse Interesse (Andachtsbildchen, Gebetszettel, Illustrationen zur Ausgabe der „Vita S. Severini") im Vordergrund.

Mit der *Romantik* und ihrer Begeisterung für Geschichte kommen für die Beschäftigung mit dem Heiligen zu den religiösen Motiven noch geschichtlich-patriotische hinzu. Die damals entstandenen Darstellungen erschienen daher häufig in volkstümlichen Geschichtswerken.

Religiös-geschichtliche Interessen sind auch typisch für die sogenannten *Nazarener*. Als 1848 in Wien der „St. Severin Verein" gegründet wurde, schlossen sich ihm auch führende Gestalten der „Nazarener Schule" an, so Josef Führich und Leopold Kupelwieser. Aus diesem Kreis kommen daher auch mehrere beachtliche Severin-Grafiken.

Die eingeschlagenen Richtungen fanden in der *2. Hälfte des 19. Jahrhunderts* ihre Fortsetzung.

Künstlerischer Stellenwert und angewendete Techniken

Die *Qualität* der Grafiken ist unterschiedlich. Sie reicht von vorzüglichen Werken (A. Dürer) über sehr gute (Sadeler/Kager, Simon/Kupelwieser) zu eher bescheidenen. Doch bezeugen alle das Interesse am Heiligen, an seinem Wirken und an seiner Zeit.

An *Techniken* wurden häufig angewendet: Holzschnitt, Kupferstich und Lithographie; vereinzelt kommen auch der Stahlstich und die Zinkätzung vor.

Bildinhalte

Die *Bildinhalte* betreffen neben der Gestalt des Heiligen an sich relativ oft seine (historisch nicht immer richtig getroffene) Funktion („Mönch",

„Abt", „Apostel Norikums"). Entsprechend ist seine „Amtstracht". Der „Mönch" Severin wird meist als „Benediktiner" oder „Kapuziner" dargestellt. In seiner „Tätigkeit" wird der Heilige als Ratgeber, Wohltäter, Wundertäter, Prediger und Missionar, einmal auch als Taufender gezeigt. Von den nach der „Vita S. Severini" gestalteten Szenen erfreuen sich besonderer Beliebtheit: die Begegnung des Heiligen mit Odoaker (Kap. 7), die Totenerweckung des „Presbyters" Silvinus (Kap. 16) und der Auszug der Severin-Mönche aus Norikum mit dem Sarg des Heiligen (Kap. 44).

Bildkommentar

Die Abbildungen, welche dieser Veröffentlichung beigegeben sind, werden in den folgenden Texten näher erschlossen. Wertvolle Hinweise hierfür haben mir Frau Univ.-Ass. Dr. Johanna Schwanberg und Herr Univ.-Prof. DDr. Günter Rombold (beide Linz) gegeben, denen aufrichtig gedankt sei.

Die herangezogene Literatur im Einzelnen aufzulisten, würde zu weit führen; unschätzbare Dienste leistete mir selbstverständlich das Künstler-Lexikon von Thieme-Becker. Als wichtig erwiesen sich auch der Ausstellungskatalog „Severin zwischen Römerzeit und Völkerwanderung", Linz 1982, sowie das Werk von Walter H. Koschatzky, Die Kunst der Graphik, Wien 1972, und (für die Bilder aus der Bavaria Sancta) C.-P. Warncke, Bavaria Sancta – Heiliges Bayern, Harenberg 1981.

Die bei den einzelnen Bildern gemachten Größenangaben beziehen sich nicht auf die Reproduktionen in diesem Buch, sondern auf die Originale.

Abb. 1, S. 17:

Severin tauft einen Germanenfürsten

Handkolorierte Federlithographie aus der Wiener Druckanstalt Josef Trentsensky (um 1834) nach einem Bild von Moritz v. Schwind. Blatt 2 einer sechs Blätter umfassenden Bilderfolge „Oesterreichs Sagen und Heldenmahle". Bildgröße 24,5 x 35 cm; Blattgröße 34,8 x 48 cm.

Der bekannte romantische Historienmaler Moritz v. Schwind (1804 – 1871) schuf u.a. Fresken für die Münchener Residenz und die Wiener Staatsoper. Josef Trentsensky (1793 – 1839) leitete eine lithographische Druckanstalt in Wien.

Der hl. Severin, mit der Kutte eines „Kapuziners" bekleidet, tauft einen vor ihm knieenden, prachtvoll gekleideten Germanenfürsten. Dieser trägt wallendes Haar, sein Schwert hat er zu Boden gelegt. Fünf Männer stehen mit gefalteten Händen ehrfürchtig im Hintergrund, andere kommen mit Pferden herbei. Auf der rechten Seite findet sich ein Kirchlein mit einem Mönch sowie zwei Reitern davor. Der Darstellung liegt die Vorstellung von Severin als Apostel von Norikum zugrunde, der hier das Christentum eingeführt habe. Nach den Berichten der „Vita S. Severini" war jedoch die Bevölkerung beim Auftreten des Heiligen schon weitgehend christianisiert. Zahlreiche Begegnungen Severins mit Germanen sind jedoch historisch.

Abb. 2, S. 27:

Hl. Severin, Apostel der Noriker

Kupferstich von Gustav Andreas Wolffgang nach einer Zeichnung von Gottfried d. J. Eichler. Barockes Andachtsbildchen (um 1760). Druckgröße 13,7 x 8,3 cm; Blattgröße 17,5 x 10,6 cm.

G. A. Wolffgang (1692 – 1775) war ein anerkannter Augsburger Maler und Kupferstecher, der u.a. nach Vorlagen des Augsburger Zeichners Gottfried d. J. Eichler (1715 – 1770) arbeitete.

Der Heilige in Mönchskleidung steht mit gefalteten und mit einem Rosenkranz umwundenen Händen am Ufer der Donau. Im Hintergrund erkennt man die Silhouette der Stadt Wien, auf der Donau langen Schiffe mit Hilfslieferungen ein. Zugrunde liegt der Darstellung der Bericht von Kap. 3 der „Vita S. Severini", wonach in „Favianis", das hier fälschlich mit „Vienna" identifiziert wird, eine Hungersnot herrschte. Aus Rätien kommende Waren sollten Abhilfe schaffen, blieben jedoch zunächst im zugefrorenen Inn stecken. Auf das Gebet des Heiligen hin schmolz das Eis, die Schiffe konnten weiterfahren, und das Leben der Bevölkerung war gerettet.

Als „Nebenszene" ist die Begegnung zwischen Severin und Odoaker dargestellt. Der in „ärmliche Felle" gekleidete Skirenfürst (vgl. „Vita", Kap. 7) steht etwas zurückgesetzt zur Rechten Severins. Er trägt ein Schild in der Hand und wird von seinem Gefolge begleitet. Nach der „Vita" fand das Zusammentreffen allerdings in der Zelle des Heiligen statt.

Die Bildunterschrift verweist auf folgende Ereignisse und Facetten im Leben des Heiligen: die Einführung der (christlichen) Religion bei den Norikern durch Severin (was historisch nicht zutrifft); die (dargestellte) Befreiung der Donau (richtig des Inn) vom Eis, was die Weiterfahrt der Schiffe mit Hilfslieferungen nach „Vienna" (richtig: „Favianis") möglich machte; die Verhinderung von Überschwemmungen durch die Donau (in Künzing, vgl. Kap. 15); die Voraussage gegenüber Odoaker (im Text fälschlich „Odemar" genannt) von dessen Erlangung der Königswürde (Kap. 7) und sein Lebensende (Kap. 32); den Wohlgeruch, den der Leichnam Severins verbreiten sollte (Kap. 44).

Abb. 3, S. 29:

Der Rugierkönig Flaccitheus sucht den Rat des hl. Severin

Kreisrunder, nicht signierter Holzschnitt (frühes 19. Jh.). Durchmesser samt Rahmen 6,3 cm; Blattgröße des Originals 14,5 x 8,6 cm.

Severin pflegte Kontakte mit den Menschen über ethnische und konfessionelle Grenzen hinweg. Der König der - nördlich der Donau im heutigen Niederösterreich siedelnden - Rugier, Flaccitheus, ein Arianer, suchte wiederholt den Rat des Heiligen (vgl. „Vita S. Severini", Kap. 5), der sich vorwiegend in Favianis (wohl Mautern a.D.) aufhielt.

Auf unserer Darstellung kniet König Flaccitheus hilfesuchend vor dem Heiligen, hinter ihm steht ein ihn begleitender Krieger in Rüstung. Severin, dessen Haupt von einem Heiligenschein umgeben ist, trägt in der rechten Hand eine Art Szepter (Zeichen seiner Macht ?); die linke Hand vollführt eine belehrende Geste (erhobener Zeigefinger).

Auf der gegenüberliegenden Seite der Donau erblickt man eine Burg der Rugier und eine Zeltstadt sowie ein herandrängendes feindliches Heer (Ostgoten).

Die einfallenden (Ost-) Goten hatten Flaccitheus die erbetene Erlaubnis zum Abzug nach „Italia" verweigert. Severin ermahnte den Rugierkönig zum Gottvertrauen und riet ihm, eine Konfrontation zu vermeiden. Die Befolgung dieses Rates erwies sich für den König und sein Volk als rettend. Darüber handelt auch ein Text auf dem Originalblatt.

Abb. 4, S. 31:

Begegnung des hl. Severin mit Odoaker

Holzstich, signiert „A.P." In: Ludwig Donin, Leben und Thaten der Heiligen Gottes Bd. I, [2]Wien 1861. Bildgröße 5,2 x 5,2 cm, eingefügt in einen Rahmen mit Rankenwerk 15 x 9,6 cm.

Der Skirenfürst Odoaker trifft bei Severin mit einem aus mehreren Kriegern bestehenden Gefolge ein, um vor seinem Zug nach „Italia" den Segen des Heiligen zu erbitten („Vita S. Severini", Kap. 6, 6; 7). Der Heilige kommt Odoaker entgegen und empfängt ihn auf der Schwelle seiner Zelle. Die Szene wird, wie Weinreben erkennen lassen, bei der Klause Severins „ad vineas" (= bei den Weinbergen; Kap. 4,6) lokalisiert. Der Heilige trägt eine Tonsur und einen Bart, sein Haupt ist von einem Heiligenschein umgeben. Ein Ausstattungsstück seiner Mönchskleidung ist auch der von seinem Gürtel herabhängende Rosenkranz.

Zum Inhalt der Darstellung vgl. auch Abb. 24.

Abb. 5, S. 32:

Severin und die Rugierkönigin Giso

Holzschnitt von Martin Speer nach einer Zeichnung von Bonaventura Emler, in: Bilder aus dem Leben des heiligen Severin, Wien 1863. Bildgröße 10,6 x 15,3 cm; mit Rahmen 15,2 x 21,8 cm.

Der Wiener Historienmaler B. Emler (1831 – 1862), ein Schüler der Wiener Akademie unter Josef Führich (1800 – 1876), schuf acht Zeichnungen über das Leben des hl. Severin, die 1863 von M. Speer als Holzschnitte ausgeführt und als Büchlein mit einem Text von Josef Scheiner publiziert wurden.

Während Severin mit dem Rugierkönig Feletheus in gutem Einvernehmen stand, begegnete ihm dessen Gattin Giso feindselig. Eugippius, der Verfasser der Vita S. Severini, nennt sie daher „wild und bösartig" (feralis et noxia; Kap. 8, 1) sowie „grausam und unfromm" (crudelis et impia; 8, 4). Giso versuchte Katholiken zu Arianern „umzutaufen" (rebaptizare; 8, 1) und ließ Romanen über die Donau schleppen, die sie zu ihren Sklaven machte. Severin verlangte deren sofortige Freilassung.

Das Bild zeigt eine Begegnung des Heiligen mit der Königin, die soeben seiner Bitte entsprochen hat. Vorausgegangen war ein dramatisches Ereignis, das rechts hinten dargestellt wird. Giso hatte einige germanische Goldschmiede „zur Herstellung königlicher Schmuckstücke" in ihrer Burg festgehalten. Als sich eines Tages der kleine Sohn der Königin, Friedrich, aus Neugierde in das Verließ der Goldschmiede begab, drohten diese, ihn umzubringen, wenn sie nicht frei gelassen würden. Nun erkannte Giso ihren Fehler, bat Severin um Verzeihung und gab sowohl die gefangenen Romanen als auch die Goldschmiede frei (Kap. 8).

Abb. 6, S. 36:

Das Ölwunder von Lorch

Nicht signierter Kupferstich (1. Hälfte 18. Jh.). Bildgröße 6,2 x 7,7 cm; Blattgröße 16,7 x 10,2 cm.

Auf unserem Bild wird gezeigt, wie Severin, unterstützt von „Dienern", Öl an die in der „Basilika von Lorch" zahlreich erschienenen Bedürftigen verteilt. Nach dem Bericht der „Vita S. Severini" schien das Öl nicht weniger zu werden, bis ein Mann namens Pientissimus den Ausspruch tat: „Dieser Ölkrug wächst ja und rinnt wie eine Quelle." „Daraufhin versiegte jene liebliche Flüssigkeit, da ihre Wunderkraft verraten war" (Kap. 28).

Auf dem selben Blatt (vgl. Abb. 17) befindet sich unten als zweite Darstellung die Szene vom Sterben des Heiligen.

Abb. 7, S. 39:

Heiliger Severin

Kupferstich von J. Custodi (erste Hälfte 17. Jh.). Bildgröße 6,7 x 5,5 cm; Druckgröße 9,2 x 6 cm.

Ein Jacob Custodi (Custos, Custodis) wirkte in der 1. Hälfte des 17. Jh. als Kupferstecher in Augsburg, ohne größere Bedeutung zu erlangen.

Der hl. Severin ist dargestellt in Mönchskleidung mit Buch und Abtstab. Sein Haupt ist mit einem Heiligenschein umgeben.

Die lateinische und die deutsche Inschrift auf dem Original verweisen auf das Wirken Severins als „Apostel" [Norikums] sowie als Prophet und Wundertäter.

Abb. 8, S. 40:

Severin unterrichtet das Volk im Christentum

Lithographie aus: Anton Ziegler, Vaterländische Bilderchronik, Wien 1843 – 1846. Bildgröße 15 x 22 cm; Blattgröße 20,7 x 28,7 cm.

Severin ist in Mönchskleidung mit Tonsur und Bart dargestellt. Seine linke Hand ist ausgestreckt und zeigt nach oben. Mit dieser Geste verweist er die vor ihm versammelte Schar von Germanen auf Gott.

Die mit zwei Kreuzen versehene Kirche links vom Baum stellt den Bezug zum Christentum her, während die Burg und die Berge im Hintergrund der Lokalisierung im Donauraum dienen.

Die „Vita S. Severini" berichtet wiederholt davon, dass Severin die (romanische) Bevölkerung unterwies (vgl. Kap. 11,2), jedoch nicht im Sinne einer Missionierung, die bei seinem Auftreten in Norikum im Wesentlichen schon abgeschlossen war.

Die Bildumschrift auf dem Original gibt in vier Sprachen der Donau-Monarchie (Deutsch, Italienisch, Tschechisch, Ungarisch) den Inhalt der Darstellung an.

Abb. 9, S. 43:

Severin, „Apostel von Österreich", als Wohltäter

Kupferstich aus einer Ausgabe der Lebensbeschreibung des hl. Severin, Druckanstalt S. Langer, Wien (frühes 19. Jh.). Bildgröße ca. 12 x 10 cm; Blattgröße 18,5 x 11,4 cm.

Sebastian Langer (geb. 1772 in Troppau, gest. 1841 in Wien) machte sich als Kupferstecher, vor allem von Heiligenbildern, einen Namen.

Der Heilige ist als Mönch gekleidet und trägt ein Kreuz in der Hand. Er wird von einem Mönch begleitet, der einen geöffneten Geldbeutel in Händen hält. Mehrere Hilfesuchende haben sich beim Heiligen eingefunden. Vor ihm kniet eine Mutter, deren Kind ihm die Arme entgegenstreckt. Einem Bettler reicht der Heilige eine Münze, womit auf die vielen Berichte in der „Vita S. Severini" angespielt wird, in denen der Heilige Notleidenden beisteht.

Durch eine Bildunterschrift auf dem Original wird Severin in Parallele zu Moses gesetzt, der dem Volk das Wort Gottes verkündet (Num 11,24); auch wird die Rettung der Menschen durch den Herrn aus ihrer Not (Ps 107/106, 6) Severin zugeschrieben.

Abb. 10, S. 46:

Severin nimmt Reliquien in Empfang

Holzschnitt von Martin Speer nach einer Zeichnung von Bonaventura Emler, in: Bilder aus dem Leben des heiligen Severin, Wien 1863. Bildgröße 10,6 x 15,3 cm; mit Rahmen 15,2 x 21,8 cm.

Zu den Künstlern vgl. Abb. 5.

Unsere Szene bezieht sich auf den Bericht von Kap. 23 der „Vita S. Severini". Der Heilige hat aufgrund einer Eingebung vom Kloster in Favianis aus die Donau in einem Kahn überquert, um von einem fremden Mann (Mönch) Reliquien des hl. Johannes d. T. entgegen zu nehmen. Die dunkle Gestalt neben dem Überbringer des Reliquiars soll wohl einen Severin-Mönch darstellen, der eine Mittlerfunktion ausübt. Der Heilige ist als Mönch gekleidet; er kniet am Donauufer und hat die Arme zum Empfang der Reliquien ausgestreckt. Diese sind für die „Basilika" in Boiotro bei Passau bestimmt, wo der Heilige persönlich „eine kleine Zelle für ein paar Mönche erbaut hat" (Kap. 22).

Die hier gezeigte Darstellung diente offenbar als Anregung für das Ölbild zum selben Thema von Saverio Altamura (1893) in der Kapelle der hll. Sosio e Severino in der Pfarrkirche von Frattamaggiore (Diözese Aversa).

Abb. 11, S. 48:

Vor der Heilung eines gelähmten Rugiers durch den hl. Severin

Holzschnitt von [Nikolaus] Knilling, in: Magnus Jocham, Bavaria Sancta. Leben der Heiligen und Seligen des Bayerlandes, München 1861. Bildgröße 8,6 x 8,7 cm.

Der Zeichner und Holzschneider N. Knilling wurde 1825 in Mittenwald geboren, arbeitete ab 1843 in München und erwarb dort 1875 das Bürgerrecht.

Die Darstellung folgt der „Vita S. Severini" Kap. 6. Ein gelähmter Rugier wurde „vor der Klosterpforte" von Favianis abgesetzt, seine Mutter kniet vor dem hl. Severin und bittet ihn unter „unaufhörlichem Weinen", ihren Sohn zu heilen. Die Frau weist mit ihrer Linken auf den Gelähmten, während sie sich mit der Rechten die Tränen abwischt. Mit einer abwehrenden Geste gibt Severin zu erkennen, dass es nicht in seiner Macht liegt, „so Großes zu wirken". Die beiden Männer im Hintergrund sind wohl als Bahrträger anzusehen. Ihre Blicke bringen Anteilnahme und Erwartung zum Ausdruck.

Gemäß der „Vita" rief der Heilige die Witwe schließlich zu Werken der Barmherzigkeit auf und ordnete ein mehrtägiges Fasten an. Daraufhin „heilte er nach inständigem Gebet zu Gott alsbald den Kranken und entließ ihn, der nun allein gehen konnte, wohlbehalten nach Hause".

<u>Abb. 12, S. 49:</u>

Ein vornehmes Paar sucht Hilfe beim hl. Severin

Nicht signierter Kupferstich (um 1680). Bildgröße 10,8 x 6,5 cm; Blattgröße 14,4 x 8,6 cm.

Der sorgfältige Stich zeigt Severin unter einem Baum stehend, in seiner Linken hält er einen Pilgerstab mit Krug, womit wohl sein Kommen aus einem fremden Land angedeutet wird (vgl. „Vita S. Severini", Kap. 1). Er trägt einen Bart, sein Haupt ist mit einem Heiligenschein umgeben. Die vornehm gekleideten Bittsteller sind kleiner dargestellt, womit die Unterschiede in der Bedeutung der Personen zum Ausdruck kommen.

Auf dem Originalbild ist die Rahmenkartusche auf einem Podest angebracht. In einer Inschrift darunter wird Gott gebeten, uns durch die Fürsprache und den Schutz des hl. Severin das zu gewähren, was wir aufgrund eigener Verdienste nicht zu erlangen vermögen.

<u>Abb. 13, S. 50:</u>

Der hl. Severin erweckt den Presbyter Silvinus zum Leben

Stahlstich von Carl Mayer nach einer Zeichnung von Andreas Müller. Frontispiz in: Ludwig Lang (Hg.), Hausbuch für christliche Unterhaltung, Augsburg [4]1854. Bildgröße 18,3 x 11 cm.

Carl Mayer ist vielleicht identisch mit dem Wiener Maler dieses Namens (1810 – 1876); Andreas Müller (geb. 1811 in Kassel, gest. 1890 in Düsseldorf) war als Maler und Stecher tätig.

Die bekannte Szene der Totenerweckung des Presbyters Silvinus durch Severin (Kap. 16 der „Vita S. Severini") wird hier unter den Predigtstuhl der Kirche von Künzing verlegt. Der abgebildete Personenkreis entspricht genau dem Bericht der „Vita". Zu den Füßen des Silvinus finden sich ein Presbyter und ein Diakon, hinter Severin sind zwei Pförtner dargestellt. Einer von ihnen trägt Mönchskleidung. Am Gürtel des zweiten Pförtners hängt ein Schlüsselbund als Zeichen seines Amtes. Der gequälte Blick des soeben zum Leben erweckten Silvinus scheint anzudeuten, dass er nicht mehr in diese Welt zurück will.

<u>Abb. 14, S. 52:</u>

Severin und Marcian befreien die Gegend um den Wallersee von einer Heuschreckenplage

Kupferstich, ursprünglich von Rafael Sadeler d. Ä. (1615), in: Matthäus Rader S. J., Bavaria Sancta; neu aufgestochen für die 2. Auflage 1704 von Jeremias Kilian bzw. Philipp Jakob Leidenhoffer. Hier als Illustration in: Maximilian Rassler S. J., Heiliges Bayer Land, deutsche Ausgabe der Bavaria Sancta, 1714. Druckgröße 22,3 x 15,7 cm.

Nach Kap. 12 der „Vita S. Severini" wandten sich „die Presbyter und die Bewohner" von Cucullis (Kuchl a. d. Salzach) an Severin mit der Bitte, sie von einer Heuschreckenplage zu befreien. Das gelang tatsächlich durch das ihnen aufgetragene Gebet, durch Fasten und Almosengeben. Vom bayerischen Geschichtsschreiber Johannes Aventin (1477 – 1534) wurde die Szene an den Wallersee verlegt und mit dem Presbyter Marcian in Beziehung gebracht.

Marcian, ein Bewohner von Cucullis, war ein enger Vertrauter Severins. Er war Zeuge des „Kerzenwunders", bei dem sich die Kerzen der in der Kirche von Cucullis versammelten Gläubigen von selbst entzündeten, jene der Anhänger heidnischer Opferkulte hingegen nicht („Vita", Kap. 11). Marcian diente dem Heiligen als Bote nach Binnennorikum (Kap. 37) und kümmerte sich schließlich um die Überführung der (damals bereits nach „Italia" überbrachten) Reliquien des hl. Severin nach Lucullanum bei Neapel (Kap. 46), wo sich die Mönche von Favianis nach ihrem Abzug aus Ufernorikum endgültig niederließen. Die erwähnte Stelle der „Vita" deutet auch darauf hin, dass Marcian nach Lucillus Abt der Brüdergemeinde wurde. Als solcher war er der Vorgänger des Eugippius, dem wir die Lebensbeschreibung des hl. Severin verdanken.

Von den auf dem Bild dargestellten Personen ist wohl jene mit Heiligenschein als der hl. Severin anzusehen; ein Mönch hinter ihm hält den Abtstab. Die tief gebeugte Gestalt im Vordergrund dürfte als Marcian zu interpretieren sein.

Auf dem Original wird die Szene unten durch einen Text erläutert.

<u>Abb. 15, S. 53:</u>

Der Presbyter Lucillus begeht im Beisein des hl. Severin das Gedächtnis an Bischof Valentin

Kupferstich, Illustration in: Matthäus Rader S. J., Bavaria Sancta Bd. 2, 2. Auflage 1704. Ursprünglich von Rafael Sadeler d. Ä. (1615), neu aufgestochen 1704 durch Philipp Jakob Leidenhoffer. Druckgröße 22 x 15,5 cm.

Zu Sadeler vgl. Abb. 21. Leidenhoffer (gest. 1714) war ein anerkannter Augsburger Kupferstecher.

Der Presbyter Lucillus genoss eine besondere Vertrauensstellung bei Severin, der ihn daher bestimmt hatte, für ihn einmal die Totenvigil zu halten (vgl. „Vita S. Severini", Kap. 41). Lucillus wurde auch Severins Nachfolger als Abt (= Presbyter) von Favianis (Kap. 44,5).

Das Bild zeigt Lucillus mit Stola beim jährlichen Gedächtnisgottesdienst für Bischof Valentin, neben ihm der hl. Severin, hinter ihm ein Mönch, der den Abtstab hält. Sowohl Lucillus als auch Severin sind mit einem Heiligenschein versehen. In den Betstühlen knien andächtige Teilnehmer des Geschehens, dem Bischof Valentin, der 1. Patron der Diözese Passau, vom Himmel aus zusieht.

Wenn Lucillus auf der oberen Schriftleiste des Originals als „presbyter Bataviensis" bezeichnet wird, so aufgrund der Überlegung, dass dieser einst im Dienste Bischof Valentins von Rätien tätig war (Kap. 41,1), dessen Bischofssitz von der Tradition oft mit Passau identifiziert wurde. (Gelegentlich wurde aber auch Augsburg als die „Diözese" Valentins angesehen).

Auf dem Original wird in einer Inschrift Lucillus als „episcopus Viennens[is]" bezeichnet, was er jedoch sicher nicht war. Vier lateinische Distichen unter dem Bild bringen u. a. zum Ausdruck, dass man durch den Umgang mit Heiligen meist besser werde, was auch für Lucillus und seine Beziehung zu Severin gegolten habe.

<u>Abb. 16, S. 54:</u>

Das rugische Königspaar Feletheus (Fewa) und Giso nehmen Abschied vom hl. Severin

Holzschnitt von M. Speer nach einer Zeichnung von B. Emler (vgl. Abb. 5), Wien 1863. Bildgröße 10,6 x 15,3 cm; mit Rahmen 15,2 x 21,8 cm.

Zu den Künstlern vgl. Abb. 5.

Kurz vor seinem Sterben bat Severin das rugische Königspaar nochmals zu sich und ermahnte es zu einem gottesfürchtigen Leben.

Die Darstellung, in der Severin von Feletheus und Giso Abschied nimmt (vgl. „Vita S. Severini" Kap. 40), bringt die unterschiedliche Beziehung der beiden zum Heiligen gut zum Ausdruck. Der König wendet sich ihm zu, während die ihm feindlich gesonnene Giso bereits durch die Tür schreitet, jedoch noch einmal den Kopf umdreht.

Abb. 17, S. 55:

Das Sterben des hl. Severin

Nicht signierter Kupferstich (1. Hälfte 18. Jh.). Bildgröße 6,2 x 7,7 cm; Blattgröße 16,7 x 10,2 cm.

Unser Bild zeigt das Sterben des hl. Severin. Der Heilige, der auf einem Bett liegt, hat die Mönche von Favianis noch einmal um sich versammelt. Nachdem er ihnen nützliche Ermahnungen erteilt hat, nimmt er Abschied von ihnen, indem er sie „alle der Reihe nach herantreten lässt, um sie zu küssen" (vgl. Kap. 43). Nach Empfang der hl. Kommunion stirbt er (8. Januar 482).

Oben auf dem Originalblatt findet sich die Darstellung des Ölwunders in Lorch (vgl. Abb. 6).

Abb. 18, S. 57:

Die hll. Erhard und Severin

Barockes Andachtsbildchen, nicht signierter Kupferstich (um 1700). Bildgröße 14 x 8 cm.

Die beiden Heiligen werden zusammen dargestellt, weil ihr Fest am 8. Januar gefeiert wird. Erhard trägt Pontifikalkleider sowie Mitra und Stab als Zeichen seiner bischöflichen Würde. Severin ist mit einem Mönchsgewand angetan.

Erhard wirkte als Missions- und Hofbischof am Herzogshof der Agilolfinger in Regensburg. Nach neuesten archäologischen und anthropologischen Untersuchungen dürfte er ein Zeitgenosse des hl. Rupert von Salzburg gewesen und gegen 700 gestorben sein. Sein Grab befindet sich im Niedermünster in Regensburg.

Abb. 19, S. 59:

Auszug der Severin-Mönche aus Norikum mit dem Sarg des hl. Severin

Federlithographie von Vinzenz Katzler, in: Moritz Smets, Geschichte der Oesterreichisch-Ungarischen Monarchie, Wien-Pest-Leipzig 1878. Bildgröße 12,2 x 18,6 cm; Seitengröße ca. 16 x 22 cm.

Der Wiener Maler, Zeichner und Lithograph V. Katzler (1823 – 1882) machte sich vor allem als Buchillustrator einen Namen.

Sechs Jahre nach dem Tod des hl. Severin, d.h. 488, verließen zahlreiche Romanen, darunter die Severin-Mönche von Favianis, Norikum in Richtung „Italia". Sie nahmen auch den Sarg mit dem unversehrten Leichnam des Heiligen mit. Entgegen dem Bericht der „Vita S. Severini" (Kap. 44) wird auf dem Bild der Wagen mit dem Sarg Severins nicht von Pferden, sondern von Ochsen gezogen.

Abb. 20, S. 69:

Die Schutzheiligen Österreichs

Holzschnitt von Albrecht Dürer (1517, Abdruck ca. 1570). Druckgröße 17,3 x 35,8 cm.

Das ursprüngliche Werk von 1515 umfasste nur sechs Heilige. 1517 wurde es vom Dürer-Schüler Hans Springinklee noch um zwei Heilige (Poppo und Otto) sowie um ein Gedicht des österreichischen Humanisten Johannes Stabius (gest. 1522) erweitert, das jedoch bei den meisten Drucken (so auch hier) weggelassen wurde.

Die Idee, die Schutzpatrone Österreichs nebeneinander auftreten zu lassen, weist ebenso, wie dies die Künstler A. Dürer und H. Springinklee sowie der Dichter J. Stabius tun, in den Umkreis Kaiser Maximilians I. (1493 – 1519).

Quirin von Tegernsee war ein römischer Martyrer, der unter Kaiser Claudius II. (268 – 270) in Rom als Christ hingerichtet worden sein soll. Die Reliquien kamen im 8. Jahrhundert nach Tegernsee. Spätere Legenden machen Quirin zum Sohn von Kaiser Philippus Arabs (244 – 249), ja zum Erzbischof von Lorch; als solcher wird aber auch Quirinus, Bischof von Siscia (Sissek a. d. Save, hingerichtet am 4. 6. 308/309) beansprucht. Nach dem Text am Dürer-Holzschnitt soll Quirin schließlich sogar Patriarch von Aquileja geworden sein.

Maximilian, der zweite Bistumspatron von Passau (neben Valentin), gilt als Martyrer, dessen Hinrichtung am 12. 10. 284 in Celeja (Cilli) erfolgt sein soll. Auch aus ihm machte die Legende einen „Lorcher Erzbischof". Die Identität mit dem Pongauer „Bekenner" Maximilian ist unsicher.

Florian, hingerichtet in Lorch am 4. 5. 304 durch Ertränken in der Enns im Zuge der Christenverfolgungen des Kaisers Diokletian, war der höchste Zivilbeamte der römischen Provinz Ufernorikum. Die Darstellung und Bezeichnung als „Militärtribun" auf dem Holzschnitt trifft geschichtlich nicht zu.

Severin, gest. am 8. 1. 482 in Favianis (wohl Mautern a. d. Donau), ist dargestellt als barfuß gehender Mönch mit über den Kopf geschlagener Kapuze, Pilgerstab, geöffnetem Buch und Rosenkranz. In der Inschrift wird er als „zweiter Apostel Österreichs" bezeichnet. (Maximilian wäre dann wohl als „erster" Glaubensbote anzusehen).

Coloman, irischer Pilger, der auf einer Reise ins Hl. Land als vermeintlicher Spion festgenommen und am 17. 7. 1012 in Stockerau bei Wien an einem Baum erhängt wurde. Von 1244 bis 1663 wurde Coloman als österreichischer Landespatron verehrt.

Leopold III., Markgraf von Österreich (1095 – 1136), Stifter der Klöster Klosterneuburg, Heiligenkreuz und Kleinmariazell, wurde 1485 heiliggesprochen; seit 1663 wird er als Landespatron von Österreich verehrt.

Poppo, Erzbischof von Trier 1016 – 1047, Sohn des österreichischen Markgrafen Leopold I. (976 – 994), galt als tüchtiger Bischof, wurde jedoch nie kanonisiert.

Otto, Bischof von Freising 1138 – 1158, Sohn des österreichischen Markgrafen Leopold III., war einer der bedeutendsten Geschichtsschreiber seiner Zeit. Er wird als Seliger verehrt, ohne je kanonisiert worden zu sein.

<u>Abb. 21, S. 71:</u>

Der hl. Severin erweckt den Presbyter Silvinus zum Leben

Kupferstich von Rafael Sadeler d. Ä. (1615) nach einer Zeichnung von Johann Mathias Kager. Illustration in: Matthäus Rader S. J., Bavaria Sancta Bd. 1. Druckgröße 22 x 15,7 cm.

Sadeler wurde 1560 in Antwerpen geboren und starb 1632 in München (nach anderen 1628 in Venedig). Er arbeitete seit 1604 in München am Hof Herzog Maximilians I., in dessen Auftrag die „Bavaria Sancta" entstand. J. M. Kager (geb. 1575 in Augsburg, gest. 1634 in Augsburg) war als Maler, Kupferstecher und Architekt tätig.

Zugrunde liegt der Darstellung der Bericht von Kap. 16 der „Vita S. Severini". Der Heilige erweckt den Presbyter Silvinus in der Kirche von „Quintanis" (Künzing) im Beisein eines Presbyters, eines Diakons und zweier Pförtner. Unter Gebet und Tränen gelang das Wunder. Silvinus, bereits halb aufgerichtet auf einer Bahre vor dem Marienaltar der Kirche liegend, will aber nicht mehr in das irdische Leben zurückkehren und bittet, ihn nicht mehr „der ewigen Ruhe zu berauben". Die auf dem Bild dem Geschehen beiwohnenden Personen lassen sich nicht genau mit dem Bericht der „Vita" in Übereinstimmung bringen. Sowohl Severin als auch Silvinus sind mit einem Heiligenschein ausgestattet.

Auf dem Original finden sich unten vier lateinische Distichen, welche die Szene erläutern.

Abb. 22, S. 72:

Hl. Severin, Apostel von Norikum

Nicht signierter Kupferstich (um 1720). Bildgröße 14 x 8 cm.

Das barocke Andachtsbildchen bezeichnet Severin als Missionar und Apostel Norikums („S. Severinus Mission[arius] Norici Apost[olus]"), was er streng genommen nicht war. Eine Hauptszene zeigt den Heiligen in der Tracht eines Geistlichen des 18. Jahrhunderts mit Beffchen und Pilgerstab unter dem Kreuze stehend. In einer Hintergrundszene sieht man Severin als Verkünder des Wortes Gottes. Auf einer Bordüre tragen vier Putti die Attribute der zwölf Apostel, womit der Heilige in deren Nachfolge hineingestellt wird. Unten ist eine Donaulandschaft mit Anspielungen auf Berichte der „Vita S. Severini" abgebildet (einlangendes Schiff mit Getreidesäcken, vgl. „Vita S. Severini" Kap. 3; Heuschreckenbefall, vgl. Kap. 12).

Abb. 23, S. 73:

Severin reicht einem Bettler eine Münze

Andachtsbildchen, handkolorierte Lithographie aus der Druckanstalt Johann Kravogl, Innsbruck (um 1830). Bildgröße ca. 9 x 6,5 cm; Blattgröße 14,8 x 8,5 cm.

Der Heilige in Mönchskleidung reicht einem Bettler eine Münze. Die Darstellung ist ein Plagiat nach einem Andachtsbildchen aus der Druckanstalt S. Langer in Wien (vgl. Abb. 9), wobei jedoch drei Personen (Mönch, Mutter und Kind) weggelassen wurden. Durch die Angabe des Festtages (23. Oktober) sowie einen Text auf der Rückseite des Bildchens über das Leben und Wirken des Heiligen wird dieser fälschlich mit Severin von Köln identifiziert. Das Jesusmonogramm deutet auf die Jesuiten (wohl als Auftraggeber des Bildchens) hin. Die Bildunterschrift lädt den Betrachter zum Almosengeben und zum Gebet für die Sterbenden ein.

Abb. 24, S. 74:

Begegnung des hl. Severin mit Odoaker

Stahlstich von A. Simon (nach 1850) nach einem Fresko von Leopold Kupelwieser. Bildgröße 10,8 x 20 cm; Blattgröße 20 x 27 cm.

Der bedeutende Nazarener Leopold Kupelwieser (1796 – 1862) gehörte dem Zentralausschuss des 1848 in Wien gegründeten „St. Severinus-Vereins" an. 1848 – 1850 schuf er das Dekkenfresko für den damaligen Landtagssaal des Niederösterreichischen Landhauses, das auch die dargestellte Szene zeigt, die in Form eines sorgfältig gearbeiteten Stichs von A. Simon, eines bekannten Stahlstechers in Wien, weite Verbreitung fand.

Inhaltlich liegt der Darstellung die in Kap. 7 der „Vita S. Severini" geschilderte Begegnung zwischen dem hl. Severin und dem Skirenfürsten Odoaker, dem späteren König von „Italia", zugrunde. Odoaker erbittet den Segen Severins (Kap. 6,6), was auf eine Mittlerrolle des Heiligen für den Aufstieg Odoakers verweisen mag. Das Treffen wird hier bei der Klause „ad vineas" (bei den Weinbergen, vgl. Kap. 4,6) lokalisiert, was durch Weinreben über den Säulen angedeutet wird. Zwei Mönche stehen hinter Severin. Während dieser, eine edle Asketengestalt, sitzt, stehen Odoaker und sein Gefolge vor dem Heiligen, der in seiner Rechten ein geschlossenes Buch hält. Der Seherblick und die auf Odoaker weisende linke Hand deuten auf die Prophetenrolle Severins, der dem Fürsten eine „ruhmreiche Zukunft" vorhersagt. Entgegen der „Vita" ist Odoaker nicht in „armselige Felle" gehüllt, sondern durchaus standesgemäß gekleidet.

Abb. 25, S. 75:

Hilfesuchende bei Severin

Holzschnitt (Mitte 19. Jh.) von Blasius Höfel nach einer Zeichnung von Josef von Führich. Bildgröße 15 x 21,8 cm; Blattgröße 21,3 x 26,3 cm.

Wie Leopold Kupelwieser war auch der Nazarenerkünstler Josef Führich (1800 – 1876) Mitglied des 1848 in Wien gegründeten „St. Severins-Vereins". Blasius Höfel (1792 – 1863) war ein anerkannter Kupferstecher, Lithograph und Meister des Holzschnitts.

Der Heilige in Mönchstracht wird von zwei Mönchen begleitet. Vor ihm befindet sich eine Schar hilfesuchender Menschen, offenbar Germanen (Rugier). Kap. 6,5 der „Vita S. Severini" berichtet, dass „das ganze Rugiervolk" den Diener Gottes häufig aufsuchte, „um ihm seine freudige Ergebenheit zu bezeugen und Hilfe für seine Leiden zu erbitten". Auch „von anderen Völkern ... wünschten viele, den Streiter Christi zu sehen". Severin galt seinen Zeitgenossen als Wundertäter, obwohl er selber diese Rolle ablehnte (vgl. Kap. 14,2f.).

Abb. 26 f., S. 80 f.:

Zwei Seiten aus einem Severingedicht von Ladislaus Pyrker

Umrahmung mit einem Holzschnitt von Blasius Höfel (1792 – 1863), in: Johann Ladislaus Pyrker, Legenden der Heiligen auf alle Sonn- und Festtage des Jahres, Wien 1842. Blattgröße je 24,2 x 15,5 cm.

Zu Höfel vgl. Abb. 25.

Die auf das Leben des hl. Severin bezogene Darstellung (Bildgröße 4,5 x 7,8 cm) zeigt die bekannte Szene der Totenerweckung des Presbyters Silvinus in der Kirche von Künzing (Kap. 16 der „Vita S. Severini"); sie wird hier auf die zwei Hauptgestalten reduziert. Die brennenden Kerzen, das Weihwassergefäß und das Kreuz in der Hand des Silvinus deuten auf die vorausgegangene Aufbahrung. Während Severin nun mit der einen Hand das Bahrtuch zurückschlägt, vollführt er mit der anderen eine Geste der Auferweckung. Silvinus erwacht gerade zum Leben, seine Rechte weist jedoch zum Himmel, dem er nicht mehr entzogen werden möchte.

Die hübschen Bordüren mit Ranken, Personen und szenischen Darstellungen nehmen keinen Bezug auf den Heiligen.

QUELLENVERZEICHNIS

Aufgenommen werden nur jene Quellen, die im Text der Arbeit nicht hinreichend zitiert sind.

ANONYMUS VALESIANUS, SS rer. Ital. 24/4, hg. R. CESSI, ²1913.

APOLLINARIS SIDONIUS, Epp. et carm., MG AA VIII, hg. Ch. LUETJOHANN, 1887, S. 1–264.

CONSIGLIO NAZIONALE DELLE RICHERCHE (Hg.), Pianta die Roma. Terzo periodo città medioevale secolo V–XII D. C., Roma 1963. (Wichtig für die Lokalisierung der ehemaligen Severinkirche in Rom).

EUGIPPIUS, Excerpta ex operibus S. Augustini, Migne PL 62, Paris 1863, Sp. 562–1088.

EUGIPPIUS, Das Leben des heiligen Severin. Lateinisch und Deutsch. (Schriften und Quellen der alten Welt, Bd. 11). Einführung, Übersetzung und Erläuterungen von R. NOLL, Berlin 1963; Passau ²1981.

EUGIPPIUS, Vita Sancti Severini, hg. und ins Ungarische übersetzt von A. MÓCSY und I. BÓNA, Budapest 1969.

EUGIPPIUS, Vita Sancti Severini. Faksimileausgabe aus Codex Vindobonensis 1064 (folg. 61r–80r), Graz 1982; Kommentarband von F. UNTERKIRCHER, Graz 1982.

EUGIPPIUS, Regula, hg. F. VILLEGAS / A. DE VOGÜE, CSEL 87 (1976).

GREGOR d. Gr., Briefregister M. G. Ep. I–II, ed. P. EWALD und L. M. HARTMANN, 1891 und 1899.

HUGEBURC, Vita S. Willibaldi, in: A. BAUCH (Hg.), Quellen zur Geschichte der Diözese Eichstätt, Bd. 1: Biographien der Gründungszeit, Eichstätt 1962, S. 13–122.

MAGNUS FELIX ENNODIUS, Vita Antonii monachi Lirinens., MG AA VII, hg. F. VOGEL, 1895, S. 185–190.

JOHANNES DIACONUS, Translatio Sancti Severini, MG SS rer. Lang., hg. L. BETHMANN und G. WAITZ, 1878, S. 452–459; Translatio Sancti Sosii, ebd. 459–463.

PAULUS DIACONUS, Historia Langobardorum, MG SS rer. Lang., hg. L. BETHMANN und G. WAITZ, 1878, S. 12–187.

LITERATURVERZEICHNIS

Ursprünglich wollte ich dieses Literaturverzeichnis thematisch stärker differenzieren. Es zeigte sich jedoch, dass das zu zahlreichen Überschneidungen bzw. Wiederholungen geführt hätte. Auch bei der vorliegenden Form waren Überschneidungen nicht ganz zu vermeiden. Da aus Platzgründen jedes Werk nur einmal angeführt wird, wird dem Benützer empfohlen, im Zweifelsfall in beiden Sektionen des Literaturverzeichnisses nachzuschlagen.

a) *Literatur zu Severin, zur „Vita Severini" und zum Zeithintergrund*

A. AIGN, Favianis und der heilige Severin, in: OBGM 3 (1959) 168–200, 6 (1962/63) 5–77, 7 (1964/65) 9–70.

G. ALFÖLDY, Noricum, London – Boston 1974.

D. AMBRASI, „Severino, vescovo di Napoli (?)" und „Severino, abate, apostolo del Norico", in: Bibl. Sanct., Bd. 11 (1968), 965-971.

H. BALDERMANN, Die Vita Severini des Eugippius, in: Wiener Studien. Zeitschrift für klassische Philologie, Bd. 74 (1961), 142–155; Bd. 77 (1964), 162–173.

P. F. BARTON, Die Frühzeit des Christentums in Österreich und Südostmitteleuropa bis 788 (Studien und Texte zur Kirchengeschichte und Geschichte, 1. Reihe, Bd. 1 = 1800 Jahre Christentum in Österreich und Südostmitteleuropa, Teil 1), Wien – Köln – Graz 1975.

A. BAUDRILLART, Saint Severin, Apotre du Norique, Paris 1908.

A. BETZ, Aus Österreichs römischer Vergangenheit, Wien 1956.

H. BLEIBRUNNER, Niederbayern. Kulturgeschichte des bayerischen Unterlandes in zwei Bänden, Bd. 1, Landshut [2]1982.

I. BÓNA, Die Hunnen in Norikum und Pannonien. Ihre Geschichte im Rahmen der Völkerwanderung, in: Ausstellungskatalog „Severin zwischen Römerzeit und Völkerwanderung", Linz 1982.

I. BÓNA, Severi[ni]ana, in: Acta Antiqua Academiae Scientiarum Hungaricae 21 (1973), 282–338.

S. BRUNNER, Das Leben des Noriker-Apostels St. Severin von seinem Schüler Eugippius. Die wichtigste Urkunde aus der Zeit der Völkerwanderung, Wien 1879.

M. BÜDINGER, Eugippius. Eine Untersuchung, in: Sitzungsberichte der phil.-histor. Classe der Kais. Akad. der Wissenschaften 91 (1878).

A. CAMERON (Rezension zu F. LOTTER, Severinus), in: American Historical Review 83 (1978), 139.

R. CHRISTLEIN, Das Ende der Römerzeit im bairisch-rätischen Donauraum, in: Ausstellungskatalog „Severin zwischen Römerzeit und Völkerwanderung", Linz 1982.

R. CHRISTLEIN, Das spätrömische Kastell Boiotro zu Passau-Innstadt. Formen der Kontinuität am Donaulimes im raetischnorischen Grenzbereich, in: J. WERNER / E. EWIG (Hg.), Von der Spätantike zum frühen Mittelalter. Aktuelle Probleme in historischer und archäologischer Sicht (Vorträge und Forschungen, Bd. 25), Sigmaringen 1979, S. 91–123.

R. CHRISTLEIN, Romanische und germanische Funde des fünften Jahrhunderts aus den Passauer Kastellen Batavis und Boiotro, in: OBGM 22 (1980), 106–118.

L. ECKHART, Die Heiligen der Lorcher Basilika und die Archäologie, in: OÖHB 36 (1982).

L. ECKHART, Die Stadtpfarrkirche und Friedhofskirche St. Laurentius von Enns-Lorch-Lauriacum in Oberösterreich. Die archäologischen Ausgrabungen 1960 – 1966, Teil I: Dokumentation und Analyse (Forschungen in Lauriacum, Bd. 11, 1–3), Linz 1981.

K. GAMBER, Die Severins-Vita als Quelle für das gottesdienstliche Leben in Norikum während des 5. Jh., in: Römische Quartalschrift für christliche Altertumskunde und Kirchengeschichte 65 (1970), 145-157.

K. GAMBER, Liturgiegeschichtliche Aspekte der Vita Severini, in: OÖHB 36 (1982).

J. HABERL, Favianis, Vindobona und Wien. Eine archäologisch-historische Illustration zur Vita S. Severini des Eugippius, Leiden 1976.

J. HABERL, Wien ist älter. Der heilige Severin und die Frühgeschichte Wiens, Wien – München 1981. A. A. HÄUSSLING, Das Commemoratorium des Eugippius und die Regula Magistri und Regula Benedicti, in: Regulae Benedicti Studia. Annuarium Internationale 5 (1976), 33–42.

H. HÖRMANN, St. Severin zu Passau, Passau 1935.

N. HOVORKA, Erinnerungen an den heiligen Severin, Wien 1926.

A. HUBER, Geschichte der Einführung und Verbreitung des Christentums in Südostdeutschland, 1. Bd., Salzburg 1874.

F. KENNER, Favianis, eine Darstellung des Streites um diesen Ort und seine Lage, in: Berichte und Mitt. des Alterthums-Vereines zu Wien 19 (1880), 49–104.

F. KENNER, Favianis, Wien und Mautern, in: Blätter des Vereines für Landeskunde von Niederösterreich, Neue Folge 16 (1882), 3–53.

H. KOLLER, Die Klöster Severins von Norikum, in: Schild von Steier, Bd. 15/16 (= Festschrift Modrijan), Graz 1978/79, S. 201-207.

K. KRAMERT / E. K. WINTER, St. Severin. Der Heilige zwischen Ost und West, Bd. 1, Klosterneuburg [1958].

A. KUSTERNIG, Neue Forschungen über den heiligen Severin, in: Unsere Heimat 48 (1977), Heft 1, S. 36–42.

A. LEIDL, St. Severin – Mönch und Staatsmann. 1982 Gedächtnisjahr zum 1500. Todestag des Heiligen, in: Passauer Bistumsblatt 45 (1981), Nr. 52, S. 14–15.

A. LHOTSKY, Quellenkunde zur mittelalterlichen Geschichte Österreichs (MIÖG Ergänzungsband 19), Graz – Köln 1963.

F. LOTTER, Die historischen Daten zur Endphase römischer Präsenz in Ufernorikum, in: J. WERNER/E. EWIG(Hg.), Von der Spätantike zum frühen Mittelalter (Vorträge und Forschungen Bd. 25), Sigmaringen 1979, S. 27–90.

F. LOTTER, Methodisches zur Gesinnung historischer Erkenntnisse aus hagiographischen Quellen, in: Historische Zeitschrift, Bd. 229 (1979), 298–356.

F. LOTTER, Severinus von Noricum. Legende und historische Wirklichkeit. Untersuchungen zur Phase des Übergangs von spätantiken zu mittelalterlichen Denk- und Lebensformen (Monographien zur Geschichte des Mittelalters, Bd. 12), Stuttgart 1976.

F. LOTTER, Severin von Noricum, Staatsmann und Heiliger, in: ThPQ 130 (1982), 110–124.
E. MARCKHGOTT, Die Frühzeit des Christentums auf dem Boden unserer Diözese, in: Jb. für die Katholiken des Bistums Linz 1959, Linz [1958], 30-54.
R. MARKUS, The end of the Roman Empire: A Note on Eugippius, Vita Sancti Severini, 20, im Erscheinen.
J. MAZZOLENI, Il monastero Benedettino dei SS. Severino e Sossio. Sede dell' archivio di stato di Napoli, [Napoli 1964].
N. MIKO, Das Leben des heiligen Severin. Eine Untersuchung auf Grund einer kritischen Betrachtung der Vita Severini des Eugippius. Kirchengeschichtl. Diss. (Maschinenschrift), Wien 1939.
R. NOLL, Die Vita Sancti Severini des Eugippius im Licht der neueren Forschung (Vortrag in der Sitzung der phil-hist. Klasse am 19. März 1975), in: Anzeiger der phil.-hist. Klasse der Österreichischen Akademie der Wissenschaften 112 (1975), 61–75.
R. NOLL. Frühes Christentum in Österreich. Von den Anfängen bis um 600 nach Chr., Wien 1954.
R. NOLL, Literatur zur Vita Sancti Severini aus den Jahren 1975–1980, in: Anzeiger der phil.-hist. Klasse der Österreichischen Akademie der Wissenschaften 118 (1981), 196–221.
R. NOLL, Römische Siedlungen und Straßen im Limesgebiet zwischen Inn und Enns (Oberösterreich), (Der römische Limes in Österreich, Heft 21), Wien 1958.
A. PERROTTA, Chiesa curata matrice di S. Sossio L. e M. monumento nazionale, Frattamaggiore 1972.
A. J. PFIFFIG, Christliches Leben im norischen Österreich zur Zeit des hl. Severin, in: Unsere Heimat 31 (1960), 99–112.
F. PRINZ, Frühes Mönchtum im Frankenreich. Kultur und Gesellschaft Gallien, den Rheinlanden und Bayern am Beispiel der monastischen Entwicklung (4. bis 8. Jahrhundert), München – Wien 1965.
K. REHBERGER, Die Handschriften der Vita S. Severini, in: Ausstellungskatalog „Severin zwischen Römerzeit und Völkerwanderung", Linz 1982.
J. REITINGER, Die Völker im oberösterreichischen Raum am Ende der Antike, in: Ausstellungskatalog „Severin zwischen Römerzeit und Völkerwanderung", Linz 1982.
F. W. RETTBERG, Kirchengeschichte Deutschlands, Bd. 1, Göttingen 1846.
E. M. RUPRECHTSBERGER, Beobachtungen zum Stil und zur Sprache des Eugippius, in: Römisches Österreich. Jahresschrift der Österreichischen Gesellschaft für Archäologie 4 (1976), 227-299.
W. SAGE, Die Ausgrabungen in der Severinskirche zu Passau-Innstadt 1976, in: OBGM 21 (1979), 5–48.
W. SCHERER, Ein Karitasapostel aus den Anfängen des Christentums in Deutschland, in: ThPQ 79 (1926), 326–330.
W. SCHERER, Katholisches Denken und Leben in Noricum zur Zeit des heiligen Severin, in: ThPQ 80 (1927), 95–108.
F. SCHRAGL, Auf den Spuren des heiligen Severin, in: Jb. d. Diözese St. Pölten 1982, S. 37 - 45.
T. SOMMERLAD, Die Lebensbeschreibung Severins als kulturgeschichtliche Quelle (Wirtschaftsgeschichtliche Untersuchungen, Heft 2), Leipzig 1903.
P. STOCKMEIER, Die Vita Severini im Lichte der Archäologie, in: OÖHB 36 (1982).
H. UBL, Das Ende der römischen Siedlungen in Österreich, in: Ausstellungskatalog „Severin zwischen Römerzeit und Völkerwanderung", Linz 1982.
H. UBL, Der österreichische Abschnitt des Donaulimes. Ein Forschungsbericht (1970–1979), in: Roman Frontier Studies 1979. Papers presented to the 12th International Congress of Roman Frontier Studies, Oxford 1980, S. 587–611.
H. UBL, Die archäologische Erforschung der Severinsorte in Norikum und Rätien, in: Ausstellungskatalog „Severin zwischen Römerzeit und Völkerwanderung", Linz 1982.
E. WEBER, Die Reichsgeschichte im 5. Jahrhundert, in: Ausstellungskatalog „Severin zwischen Römerzeit und Völkerwanderung", Linz 1982.
E. K. WINTER, Studien zum Severinsproblem (= E. K. WINTER – K. KRAMERT, St. Severin. Der Heilige zwischen Ost und West, Bd. 2), Klosterneuburg 1959.
H. WOLFF, Der Mönch in gefahrenreicher Welt – Bemerkungen zur Person des heiligen Severin, in: Universität Passau – Nachrichten und Berichte Nr. 17, Januar 1982, S. 11–15.
H. WOLFRAM, Geschichte der Goten. Von den Anfängen bis zur Mitte des sechsten Jahrhunderts. Entwurf einer historischen Ethnographie, München 1979.
R. ZINNHOBLER, Der heilige Severin, Linz – Wien [2]1982.
R. ZINNHOBLER (Hg.), Lorch in der Geschichte (Linzer Philosophisch-theologische Reihe, Bd. 15), Linz 1981.
R. ZINNHOBLER, Wer war St. Severin?, in: Ausstellungskatalog „Severin zwischen Römerzeit und Völkerwanderung", Linz 1982.
R. ZINNHOBLER, Woher stammte der hl. Severin?, in: Jb. Kollegium Petrinum 76 (1979/80), 29 - 36.
R. ZINNHOBLER, Zum gegenwärtigen Stand der Severin-Forschung, in: OÖHB 36 (1982).

b) *Literatur zur Verehrung des hl. Severin in Kult, Kunst und Dichtung*

W. ALBERT, St.-Severinus-Spiel Lauriacum, Enns 1927, [2]1932.
D. AMBRASI, Il Cristianesimo e la Chiesa Napoletana dei primi secoli, in: Storia di Napoli, Bd. 1, Napoli 1967, S. 625–759.
[ANONYMUS], Der heilige Severin. Festschrift zur 1400-Jahr-Feier seine Todes, Wien 1882.
M. ARMELLINI, Le chiese di Roma dal secolo IV al XIX, 1. Bd., Roma 1942, S. 307; 2. Bd., Roma 1942, S. 1446 f.
W. BEYSCHLAG, Blütenstrauß vom Lebenswege, 1893.
F. BOLOGNA, Il polittico di San Severino apostolo del Norico, in: Paragone n. 61 (genn. 1955), 3–17.
F. BRAUMANN, Sankt Severin, der Heilige von Norikum (Die Kirche in ihren Heiligen. Kirchengeschichtliche Lebensbilder für Unterricht und Erziehung), Saarbrücken [1956].
J. BRAUN, Tracht und Attribute der Heiligen in der deutschen Kunst, Stuttgart 1943, Sp. 655 f.
J. CÜPPERS, Die Königin der Rugier. Erzählung aus den Zeiten der Völkerwanderung, Köln 1906.
J. DIRNBÖCK-SCHULZ, Favianis. Roman aus der Zeit der Völkerwanderung, Wien [2]1895.
P. DÖRFLER, Severin, der Seher von Norikum, Linz [1]1947; Wien [2]1948; Wien [3]1960.
L. DONIN, Leben und Thaten der Heiligen Gottes, Wien [2]1861.

G. M. DREVES (Hg.), Hymnarius Severinianus. Das Hymnar der Abtei S. Severin in Neapel (Analecta hymnica medii aevi XIV a), Leipzig 1893.
G. ELLERT, Der Goldschatz 1956.
E. FEIKS-WALDHÄUSL, Leben am Strom. Roman, Freiburg i. B. 1949.
M. FUHRMANN, Leben und Wunder des Heiligen oder Oesterreicher-Apostels Severini, Abbtens in dem Closter Heiligen-Statt nachst Wienn, Wien 1746.
J. GEBHART, Die Geschichte Österreichs aus dem Munde deutscher Dichter, Wien 1853.
A. GIESE, Geduldet euch Brüder. Roman, Wien – Hamburg 1979.
B. GLÄSER, In diplomatischer Mission. Vor 1500 Jahren starb Severin, der Apostel von Norikum, in: „OÖ. Nachrichten", 2. Jänner 1982.
M. GREIF, Gedichte, Leipzig [9]1909.
S. M. GRILL, Die Friedensfürstin. Ein theologischer Roman aus dem 5. Jahrhundert, Wien [1949].
S. GRIMHAGEN, St. Severin. Schauspiel in 5 Aufzügen, Marienbad 1911.
CH. HUELSEN, Le chiese di Roma nel medio evo. Cataloghi ed appunti, Firenze 1927, S. 464, n. 54.
H. KESEL, Capri. Biographie einer Insel, München 1971.
R. v. KRALIK, Das Donaugold des heiligen Severin. Ein Weihefestspiel mit Chören, Steyl 1906.
M. KRZISCH, Die Gestalt des heiligen Severin in der deutschen Literatur. Phil. Dissertation (Maschinenschrift), Wien 1950.
K. LANDSTEINER, Der heilige Severin, der Apostel Noricums, Wien 1896.
L. LANG (Hg.), Hausbuch für christliche Unterhaltung, Bd. 1, Augsburg [4]1854.
M. LUPOLI, Acta inventionis SS. Sosii Diaconi ac Martyris Misenatis et Severini Noricorum Apostoli, Napoli 1807.
F. MADER, St. Severin, in: Stadt Passau (= Die Kunstdenkmäler von Niederbayern, Bd. 3), München 1919, S. 307–328 und 543 f.
F. MADER, Welchen Bezug hat Heining zum hl. Severin von Norikum?, in: Passauer Neue Presse vom 20. Januar 1982 und 21. Januar 1982.
E. MARCKHGOTT / C. SQUARR, Severin von Noricum, in: Lexikon der christlichen Ikonographie, Bd. 8, hg. v. W. BRAUN- FELS, Rom – Freiburg – Basel – Wien 1976, Sp. 337–339.
J. L. PYRKER, Legenden der Heiligen auf alle Sonn- und Festtage des Jahres, Wien 1842.
I. QUERCK, Lebensbeschreibung des Heiligen Abbtens und Apostels der Nortgeyer Severini, Passau 1728; Wien [2]1744.
A. STOLZ, Legende oder der christliche Sternenhimmel, Freiburg i. B. 1851/2.
J. TANZER, Severinus. Eine poetische Festgabe, Neunkirchen [1888].
J. WAGNER, Die Ennswaldeiche. Bilder aus der Heimat Ahnentagen, St. Pölten 1909.
J. WICHNER, Die goldene Wachau. Natur, Geschichte und Sage im Lichte der deutschen Dichtung, Wien – Leipzig 1912.
E. WIDDER, Der hl. Severin in der Patronatsdiözese Linz, in: Jahrbuch der Diözese Linz 1982, Linz [1981], 50–59.
E. WIDDER, Schutzpatron St. Severin, in: Ausstellungskatalog „Severin zwischen Römerzeit und Völkerwanderung", Linz 1982.
B. WIDMAYR, Sankt Severinus. Schauspiel in 4 Aufzügen, Krems [1926).
F. ZÖHRER, Severinus oder Ein Kampf ums Kreuz, Linz-Urfahr 1900.

Renate Pillinger

BIBLIOGRAPHIE ZUR VITA SANCTI SEVERINI (1980 - 2001)

Dieser Literaturüberblick erschien erstmals in: Mitteilungen zur christlichen Archäologie 5 (1999), 93 - 96. Ich danke der Autorin aufrichtig für die Erlaubnis zum Wiederabdruck. Die Ergänzungen für die Jahre 1999 bis 2001 wurden von mir durchgeführt.

1980

F. ERTL, Zwentendorf, das Dorf des heiligen Severin. In: *Der heilige Severin in Favianis – Mautern, Zwentendorf oder Wien?* Mautern/ Donau 1980, 52–60.

J. HABERL, Die Ausgrabungen in Heiligenstadt, Wien XIX. In: *Der heilige Severin in Favianis* (s. o.), 38–50.

H. STIGLITZ, Die Ausgrabungen in Mautern. In: *Der heilige Severin in Favianis* (s. o.), 13–19.

H. Ubl, Die Severinsorte des österreichischen Limesabschnittes im Lichte der archäologischen Forschung. In: *Der heilige Severin in Favianis* (s. o.), 31–36.

H. WOLFRAM, Die Vita sancti Severini als Quelle der untergehenden Austria Romana. In: *Der heilige Severin in Favianis* (s. o.), 21–29.

R. ZINNHOBLER, Gregor der Große als Verehrer des heiligen Severin. *Österreichisches Klerusblatt* 113 (1980) 2–5.

Ders., Severin und Italien. In: *Amtliche Linzer Zeitung* 350 (1980) 219f.

1981

J. DUMMER, Eugippius über die Rolle der Kirche in der Übergangsepoche. *Klio* 63 (1981) 639–642.

K. KRAMERT – E. K. WINTER, *St. Severin – Der Heilige zwischen Ost und West.* Wien ²1981.

A. LEIDl, St. Severin – Mönch und Staatsmann. 1982 Gedächtnisjahr zum 1500. Todestag des Heiligen. *Passauer Bistumsblatt* 46 (1981) Nr. 52, 14f.

R. Noll, *Eugippius: Das Leben des heiligen Severin.* Passau ²1981.

DERS., Literatur zur Vita sancti Severini aus den Jahren 1975–1980, *AnzWien.* 118 (1981) 196–221.

R. ZINNHOBLER, St. Severin in Lorch. In: R. ZINNHOBLER (Hg.), *Lorch in der Geschichte* (*Linzer Philosophisch-theologische Reihe* 15). Linz 1981, 128–144.

DERS., *Der heilige Severin.* Linz – Wien 1981.

1982

Severin zwischen Römerzeit und Völkerwanderung. Ausstellungskatalog. Linz 1982.

R. BRATOŽ, *Eugipij, Življenje svetega Severina.* Unpubl. Diss. Ljubljana 1982.

DERS., Odnosi med Germani in Romani na ozemlju spodnje Avstrije v drugi polovici 5. stoletja. *AV* 33 (1982) 157-168.

R. CHRISTLEIN, Die rätischen Städte Severins. Quintanis, Batavis und Boiotro und ihr Umland im 5. Jh. aus archäologischer Sicht. In: *Severin zwischen Römerzeit und Völkerwanderung* (s.o.), 217-253.

G. DEMBSKI, Zum Severin-Jahr 1982. *MÖNG* 22/8 (1982) 113f.

U. ENGELMANN, Der Hl. Severin 482–1982. *Erbe und Auftrag* 58 (1982) 133–155.

W. FRIEDENBERGER, *Unsere Heimat – ein historisches Kleinod. Zur 1500. Wiederkehr des Todestages von St. Severin.* Künzing 1982.

K. GAMBER, Liturgiegeschichtliche Aspekte der Vita Severini. *Severin und die Vita Severini. OÖHBl.* 36/1–2 (1982) 42–55.

K. GENSER, Neues zu einigen Wirkungsstätten des heiligen Severin. *MGSLk* 122 (1982) 61–70.

E. KÖRNER, Der hl. Severin – ein zeitloses Vorbild der Nächstenliebe. *Jb. der Diözese Gurk* 1982, 19–24.

P. LECHL, Kirchenmusikalische Verhältnisse zur Zeit des heiligen Severin. In: *FS E. Marckhgott. Ostbairische Grenzmarken* 24 (1982) 52ff.

A. LEIDL, Das Severinjahr 1982 in Stadt und Bistum Passau. In: *FS E. Marckhgott. Ostbairische Grenzmarken* 24 (1982) 95–116.

DERS., Historische Skizze der Persönlichkeit Severins. *Beilage zum Amtsblatt für das Bistum Passau* 111 (1982) Nr. 10.

DERS., Mönch und Staatsmann. Zum 1500. Todestag des heiligen Severin am 8. Jänner. *KNA-Bayerischer Dienst Nr. 3* vom 6. Jänner 1982, 1f.

DERS., Der Seher von Noricum. Vor 1500 Jahren starb der heilige Severin. *Beilage zum Amtlichen Schul-Anzeiger für den Regierungsbezirk Niederbayern 3.* Landshut 1982.

DERS. (Hg.), *Beiträge zum Severinsjahr 1982* (*Neue Veröffentlichungen des Instituts für Ostbairische Heimatforschung der Universität Passau* 42). Passau 1982.

F. LOTTER, Passau im Zeitalter Severins. In: *FS E. Marckhgott. Ostbairische Grenzmarken* 24 (1982) 1–23.

DERS., Severin von Noricum. Staatsmann und Heiliger. *ThPQ* 130 (1982) 110–124.

F. MADER, *Passau, St. Severin* (*Kunstführer, Kleiner Führer* 1337). München – Zürich 1982.

DERS., Welchen Bezug hat Heining zum heiligen Severin von Noricum? In: *Passauer Neue Presse* vom 20. und 21. 1. 1982.

E. MARCKHGOTT, Der 1500. Sterbetag Severins. In: *Die Furche* vom 6. 1. 1982, 12.

J. OSWALD, Passau und Niederbayern in der großen Zeitenwende. Vor 1500 Jahren starb der heilige Severin. *Altbairischer Volks- und Heimatkalender für das Jahr* 1982, 61-66.

G. PRIGIONE – R. Z. [ZINNHOBLER] – R. KIRCHSCHLÄGER, *St. Severin heute. Ansprachen und Reden anlässlich des Festes in Enns-Lorch am 8. Jänner 1982 zum Gedenken an den 1500. Todestag des hl. Severin.* Linz – Wien 1982.

R. M. PROSL, Helf Gott! Eine Severin-Legende aus dem Wienerwald. *Wien aktuell* 1982/I, 29f.
K. REHBERGER, Die Handschriften der Vita S. Severini. In: *Severin zwischen Römerzeit und Völkerwanderung* (s. o.), 21–39.
F. SCHRAGL, Auf den Spuren des heiligen Severin. Zu seinem 1500. Todestag am 8. Jänner 1982. *Jb. der Diözese St. Pölten* 1982, 37-45.
P. STOCKMEIER, Die Vita Severini im Lichte der Archäologie. *Severin und die Vita Severini. OÖHBl.* 36 (1982) 16–27.
H. UBL, Die archäologische Erforschung der Severinsorte und das Ende der Römerzeit im Donau-Alpen-Raum. In: *Severin zwischen Römerzeit und Völkerwanderung* (s. o.), 71–97.
F. UNTERKIRCHER, *Eugippius, Vita Sancti Severini. Faksimile-Ausgabe des Textes in Codex 1064 der Österreichischen Nationalbibliothek, fol. 61r–80r mit Transkription und Übersetzung.* 2 Bde. Graz 1982.
E. WIDDER, Schutzpatron St. Severin. Ein Beitrag zur Patrozinienkunde und zur Geschichte der Severinverehrung. In: *Severin zwischen Römerzeit und Völkerwanderung* (s. o.), 41–55.
G. WIRTH, St. Severin und die Germanen. Eine Begegnung an der Grenze des Imperiums. *Schriftenreihe des Zentralinstituts für Fränkische Landeskunde und allgemeine Regionalforschung an der Universität Erlangen-Nürnberg* 21 (1982) 15–48.
H. WOLFF, Der Mönch in gefahrenreicher Welt – Bemerkungen zur Person des heiligen Severin. *Nachrichten und Berichte der Universität Passau* 17 (1982) 11–15.
DERS., Kritische Bemerkungen zum säkularen Severin. In: *FS E. Marckhgott. Ostbairische Grenzmarken* 24 (1982) 24–51.
H. WOLFRAM, Der heilige Severin und seine Zeit. *Wien aktuell* 1982/I, 26ff.
R. ZINNHOBLER, Der heilige Severin. Apostel von Noricum. In: A. ZAUNER – H. SLAPNICKA (Hg.), *Oberösterreicher. Lebensbilder zur Geschichte Oberösterreichs* 2 (1982) 7–17.
DERS., *Der heilige Severin.* Linz – Wien ²1982.
DERS. – E. WIDDER, *Der heilige Severin. Sein Leben und seine Verehrung.* Linz 1982.
DERS., Der heilige Severin. Eine biographische Skizze mit besonderer Berücksichtigung Oberösterreichs. *Kulturzeitschrift Oberösterreich* 32/I (1982) 2–6.
DERS., Zu Person und Werk des hl. Severin. *Severin und die Vita Severini. OÖHBl.* 36 (1982) 3f.
DERS., Zum gegenwärtigen Stand der Severin-Forschung. *Severin und die Vita Severini. OÖHBl.* 36 (1982) 5–15.
DERS., Wer war St. Severin? In: *Severin zwischen Römerzeit und Völkerwanderung* (s. o.), 11–20.
DERS., Der hl. Severin in der Dichtung. Ein literarhistorischer Überblick. In: *Severin zwischen Römerzeit und Völkerwanderung* (s. o.), 57–69.
DERS., Der heilige Severin – Sein Leben und seine Verehrung. *Jb. Kollegium Petrinum* 78 (1981/82) 11–19.
DERS. – J. EBNER, Im Zeichen St.Severins. Planung für das Jubiläumsjahr 1982. *Neues Archiv für die Geschichte der Diözese Linz* 1/2 (1981/82) 57-61.

1983

R. BRATOŽ, *Severinus von Noricum und seine Zeit. Geschichtliche Anmerkungen* (*Dph* 165). Wien 1983.
H. DICKERHOF, De instituto sancti Severini. Zur Genese der Klostergemeinschaft des Hl. Severin. *ZBLG* 46 (1983) 3–36.
G.-K. KALTENBRUNNER, Severinus von Noricum. *Erbe und Auftrag* 59 (1983) 95–114.
F. LOTTER, Inlustrissimus vir oder „einfacher" Mönch? Zur Kontroverse um den heiligen Severin. *Ostbairische Grenzmarken 25* (1983) 281–297.
R. A. MARKUS, The End Of The Roman Empire: A Note On Eugippius, Vita Sancti Severini, 20. *Nottingham Medieval Studies* 26 (1983) 1–7.
H. SCHMEJA, Zur Latinität der Vita Severini des Eugippius. In: *FS R. Muth. Innsbrucker Beiträge zur Kulturwissenschaft* 22 (1983) 425–436.
P. STOCKMEIER, Severin von Noricum. Ein Rückblick auf das 1500. Gedächtnisjahr. *ZKG* 94 (1983) 357–364.
H. WOLFF, Ein Konsular und hoher Reichsbeamter im Mönchsgewand? Nachtrag zu Friedrich Lotters Severinbild. *Ostbairische Grenzmarken 25* (1983) 298–318.
R. ZINNHOBLER, Lorch in der „Vita Severini". In: *212–1212. Enns von der römischen zur mittelalterlichen Stadt. MMVL* N.F. 21 (1983) 30–36.

1984

A. BOBER, Seweryn-dzialacz spolezno polityczny w Noricum (V w.). De Sancto Severino. *Balcanica Posnaniensia, Acta et studia* I (1984) 317–323.
W. BULST, *Eugippius.* In: *Lateinisches Mittelalter. Gesammelte Beiträge* (*Veröffentlichungen zu den SB der Heidelberger Akademie der Wissenschaften, phil.– hist. Klasse* 3, 1983). Heidelberg 1984, 34–43.
F. LOTTER, Zur Interpretation hagiographischer Quellen. Das Beispiel der Vita Severini des Eugippius. *Mittellateinisches Jb.* 19 (1984) 37–62.
K. NIEDERWIMMER, Zu Eugippius, Vita S. Severini c. 43. *Grazer Beiträge* 11 (1984) 165–177.
H. STEINHAUER, Das christliche Leben in Noricum nach der Vita Sancti Severini. *Hippolytus* N.F. 7 (1984) 42–53.
I. WEILER, Eugippius und der Untergang des römischen Reiches. Eine Anregung für den Geschichtsunterricht. *RÖ* 11/12 (1983/84) 351–375.
R. ZINNHOBLER, *Der heilige Severin.* Linz – Wien ³1984.

1985

J. BRANDSTÄTTER, Der hl. Severin in Messe und Brevier. *Neues Archiv für die Geschichte der Diözese Linz* 3 (1984/85) 20–32.
J. DUCHESNE-GUILLEMIS, The wise men from the east in the western tradition. In: *Papers in honour of M. Boyce* 1. Leiden 1985, 149–157.
Eugipiusz, Dziela 1–2 (*Pisma starochrzescijanskich pisarzy* 32). Warszawa 1985.
F. LOTTER, Die germanischen Stammesverbände im Umkreis des Ostalpen-Mitteldonau-Raumes nach der literarischen Überlieferung zum Zeitalter Severins. In: *Die Bayern und ihre Nachbarn.* Teil 1 (Dph Bd. 179). Wien 1985, 29–59.
Th. NÜSSLEIN, *Eugippius, Vita Sancti Severini.* Bamberg 1985.
R. ZINNHOBLER, Schutzpatrone und Heilige Oberösterreichs. In: *Kirche in Oberösterreich. 200 Jahre Bistum Linz. Ausstellungskatalog.* Linz 1985, 33–49 [37–40: Severin].

1986

W. BERSCHIN, Biographie und Epochenstil im lateinischen Mittelalter I. In: *Quellen und Untersuchungen zur lateinischen Philologie des Mittelalters* 8. Stuttgart 1986, 174–188.

Th. NÜSSLEIN, *Vita Sancti Severini. Das Leben des heiligen Severin.* Stuttgart 1986.

1987

P. STADLER, Die Bevölkerungsstrukturen nach Eugippius und den archäologischen Quellen. In: G. Bott (Hg.), *Germanen, Hunnen und Awaren. Schätze der Völkerwanderungszeit. Ausstellungskatalog.* Nürnberg 1987, 297–328.

M. VAN UYTFANGHE, *LexMA* 4 (1987) 85f. s. v. Eugippius.

H. WOLFRAM, *Die Geburt Mitteleuropas. Geschichte Österreichs vor seiner Entstehung 378–907.* Wien 1987 [55–63: Severinus von Norikum].

R. ZINNHOBLER, Ein großes soziales Hilfsprogramm. Der heilige Severin. *Entschluss 2, Sonderheft* 12 (1987) 28.

1988

J. BEDNAŘIKOVÁ, Římané a Germáni v horním Podunaji ve světle Eugippiova Commemoratoria. *Sborník prací Filozofické Fakulty Brnenské univerzity* (*Studia minora facultatis philosophicae universitatis Brunensis*) 33 (1988) 69–80.

W. BERSCHIN, Livius und Eugippius. Ein Vergleich zweier Schilderungen des Alpenübergangs. *Der altsprachliche Unterricht* 31/4 (1988) 37–46.

1989

H. LÖWE, Eugippius. *RGA* 7 (1989) 620ff.

H. WOLFF, Über die Rolle der christlichen Kirche in den administrationsfernen Gebieten von Noricum im 5. Jh. n. Chr. In: W. ECK (Hg.), *Religion und Gesellschaft in der römischen Kaiserzeit. Kolloquium zu Ehren von F. Vittinghoff.* Köln – Wien 1989, 265–293.

1990

K. KNAPP-MENZL, *Das Mönchtum in Ufernorikum und sein Vergleich mit Formen des monastischen Lebens in Ägypten.* Kath.-theol. Dipl. Salzburg 1990.

Cl. KRAUSGRUBER, *Regula Eugippii. Eine Mönchsregel des 6. Jahrhunderts im Lichte ihrer Quellen. Anhang: Der Text der Regel und die erste vollständige Übertragung ins Deutsche.* Kath.-theol. Dipl. Salzburg 1990.

A. SATORU, *Vita Severini des Eugippius* (japanisch mit deutschem Vorwort) (*Memoirs of the Faculty of Letters* 30). Osaka 1990.

Й. I. ЦУКЕРНИК, *Житийе святого Северина.* Москва 1990

R. ZINNHOBLER, Der hl. Severin. In: DERS., *Die Lorcher Heiligen.* Ried i. I. 1990 [Severin: 18–23].

1991

Ph. RÉGERAT, *Eugippe, Vie de Saint Séverin* (*SC* 374). Paris 1991.

E. WEBER, *Österreichs römische Vergangenheit. Lehrer-Begleitband.* Wien 1991, Kap. 1ff., 7 und 28f.

1992

P. F. BARTON, *Von der Gotennot zum Slovenensturm (Geschichte des Christentums in Österreich und Südmitteleuropa* 2). Wien 1992, 107–140.

M. HUBER, *Biblische Stilisierung und hagiographische Motive in der Vita Sancti Severini.* Phil. Dipl, Wien 1992.

R. ZINNHOBLER, Gregor der Große als Verehrer des hl. Severin. In: *NAGDL* 7 (1991/92), 5–8.

1993

J.-B. BAUER, Eugippius. *Die Sprache* 35/1 (1991–93) 133f.

R. BRATOŽ, *Dizionario biografico degli Italiani* 43 (1993) 509–514 s. v. Eugippio.

P. M. PLECHL, Ein Stück Geschichte Österreichs: Severins Grab in Süditalien restauriert. In: *Die Presse* 31. Dezember 1993, 22.

K.-H. ZIEGLER, Zwei römische Kriegsverträge in der Vita Sancti Severini. *ZSav* 110 (1993) 638ff.

1994

R. BRATOŽ, Der „heilige Mann" und seine Biographie (unter besonderer Berücksichtigung von: Eugippius, Leben des heiligen Severin). In: A. SCHARER – G. SCHEIBELREITER (Hg.), *Historiographie im frühen Mittelalter* (*Veröffentlichungen des Instituts für Österreichische Geschichtsforschung 32*). München 1994, 222–252.

Th. FISCHER, Bemerkungen zur Archäologie der Severinszeit in Künzing und Passau. In: *Das Christentum im bairischen Raum. Von den Anfängen bis ins 11. Jahrhundert* (Passauer Historische Forschungen Bd. 8), hg. von E. Boshof und Hartmut Wolff. Köln-Weimar-Wien 1994, 93–127.

M. POLLAK, *Die Gräberfelder von Mautern und das Christentum im Favianis des heiligen Severin.* Ebd. 153–169.

Ph. RÉGERAT, La vie de Saint Severin: un prophète entre Romains et Barbares. *Connaissance des pères de l'église* 56/3 (1994) 21ff. und 25.

Hj. UBL, *Die Christianisierung von Noricum Ripense bis zum 7. Jahrhundert nach den archäologischen Zeugnissen.* In: Das Christentum im bairischen Raum (s.o.), 129–151.

1995

D. VON DER NAHMER, *LexMA* 7 (1995) 1805f. s. v. Severinus von Noricum.

H. WOLFRAM, *Österreichische Geschichte 378–907. Grenzen und Räume. Geschichte Österreichs vor seiner Entstehung.* Wien 1995 [46–57: Severinus von Norikum].

F. LOTTER, Eugippius. In: *LThK* 3 ([3]1995) 985.

1996

M. KRAUSGRUBER, *Die Regel des Eugippius. Die Klosterordnung des Verfassers der Vita Sancti Severini im Lichte ihrer Quellen. Text, Übersetzung und Kommentar* (*frühes christentum. forschungen und perspektiven* 2). Thaur bei Innsbruck 1996.

St. MUHLBERGER, Eugippius and the Life of St. Severinus. In: R. MATHISEN (Hg.), *Late Antiquity and Byzantium* (*Medieval Prosopography* 17/1). Kalamazoo 1996, 123-133.

.K. OBRYCKI, *Eugippio. Vita di S. Severino, Regula.* Kraków 1996.

Ph. RÉGERAT, Italien in der Vita Severini: sein Erscheinungsbild und sein Verhältnis zu Noricum. In: R. BRATOŽ (Hg.), *Westillyricum und Nordostitalien in der spätrömischen Zeit* (*Situla* 34). Ljubljana 1996, 193–206.

1997

R. BRATOŽ, Östliche und westliche Elemente im Mönchsideal Severins. In: *1000 Jahre Ostarrîchi – seine christliche Vorgeschichte. Mission und Glaube im Austausch zwischen Orient und Okzident* (*Pro Oriente* 19). Innsbruck – Wien 1997, 31–59.

K. KNAPP-MENZL, *Mönchtum an Donau und Nil. Severin von Noricum und Schenute von Atripe. Zwei Mönchsväter des fünften Jahrhunderts* (*frühes christentum. forschungen und perspektiven* 3). Thaur bei Innsbruck 1997.

R. POHANKA, Der heilige Severin. In: R. POHANKA, *Das römische Wien* (*Geschichte Wiens* 1). Wien 1997, 128–131.

Ph. RÉGERAT, L',arianisme' dans la Vita Severini. *Studia Patristica* 29 (1997) 316–320.

E. WEBER, Soziale Gruppen in der Vita Severini? *Electrum* 1 (1997) 201–207.

DERS., in: O. SCHÜTZE (Hg.), *Metzler-Lexikon antiker Autoren.* Stuttgart – Weimar 1997, 249ff. s. v. Eugippius.

1998

W. BERSCHIN, *Der neue Pauly* 4 (1998) Sp. 234 s. v. Eugippius.

B. BREILMANN, in: S. DÖPP – W. GEERLINGS (Hg.), *Lexikon der antiken christlichen Literatur.* Freiburg – Basel – Wien 1998, 207f. s. v. Eugippius.

M. FIEDROWICZ, *LThK³7* (1998) Sp. 1412 s. v. Paschasius.

R. HARREITHER, Die Anfänge des Christentums in Ufernorikum. In: *Römermuseum Favianis – St. Severin, Mautern/Donau.* Mautern 1998, 80–84.

F. LOŠEK, „Geschichten aus dem Dunkelsteiner Wald": Wie Severin nach Mautern, Koloman an den Galgen, Altmann auf den Göttweiger Berg und Blondel zu den Raubrittern kam. *Kremser Humanistische Blätter* 2 (1998) 45–76 [47–51: Severin].

R. PILLINGER, Die Vita Sancti Severini und Mautern. In: *Römermuseum Favianis – St. Severin, Mautern/Donau.* Mautern 1998, 89ff.

Ph. RÉGERAT, Der Arianismus in der Vita Severini. *WSt* 111 (1998) 243–251.

B. WINDAU, in: S. DÖPP – W. GEERLINGS (Hg.), *Lexikon der antiken christlichen Literatur.* Freiburg – Basel – Wien 1998, 478 s. v. Paschasius von Rom.

1999

R. HARREITHER, Das frühe Christentum im Limesgebiet. Von den Anfängen bis zum Ende der römischen Herrschaft. In: Frühes Christentum am österreichischen Donaulimes (Ausstellungskatalog), hg. v. R. Harreither und R. Pillinger. Wien 1999, 6–45.

E. C. HEINISCH, *Der Retter des Dokumentes.* Was der Dichter Paschasius zur Überlieferung der 1500 Jahre alten „Vita S. Severini" des Eugippius beitrug. In: *Die Furche*, Nr. 8., 25. Februar 1999, 17.

R. ZINNHOBLER, Severin von Norikum. Ein politischer und geistlicher Mensch. (Schriftenreihe des Forum St. Severin Heft 30). Linz 1999.

2000

K. REHBERGER, Severin von Noricum. In: LThK 9 (³2000), 500 f.

R. ZINNHOBLER, Hl. Severin. In: *„Ihr Heiligen unseres Landes ...".* Auf den Spuren von Heiligen und Seligen in Niederösterreich, hg. Bischöfl. Ordinariat St. Pölten. St. Pölten 2000, 73–81.

2001

W. POHL – M. DEISENBERGER (Hg.), Eugippius und Severin – Der Autor, der Text und der Heilige. (Dph. 297). Wien 2001.

VERZEICHNIS DER ABKÜRZUNGEN

AnzWien .... Anzeiger der philosophisch-historischen Klasse der Österreichischen Akademie der Wissenschaften
AV .... Arheološki Vestnik
Bibl. Sanct. .... Bibliotheca Sanctorum
CSEL .... Corpus Scriptorum Ecclesiasticorum Latinorum
Dph .... Denkschriften der philosophisch-historischen Klasse
FRA .... Fontes Rerum Austriacarum
LexMA .... Lexikon des Mittelalters
LThK .... Lexikon für Theologie und Kirche
MB .... Monumenta Boica
MG .... Monumenta Germaniae
MGSLk.............. Mitteilungen der Gesellschaft für Salzburger Landeskunde
MMVL............... Mitteilungen des Museumvereines Lauriacum
MÖNG .... Mitteilungen der Österreichischen Numismatischen Gesellschaft
OBGM .... Ostbairische Grenzmarken
PL...................... Patrologia Latina
RGA .... Reallexikon der germanischen Altertumskunde
RÖ .... Römisches Österreich
SB...................... Sitzungsberichte
SC .... Sources chrétiennes
SS .... Scriptores
ThPQ .... Theologisch-praktische Quartalschrift
WSt .... Wiener Studien
ZBLG .... Zeitschrift für bayerische Landesgeschichte
ZKG .... Zeitschrift für Kirchengeschichte
ZSav .... Zeitschrift der Savigny-Stiftung für Rechtsgeschichte

REGISTER

Das Register erfasst Personen, Orte und geographische Bezeichnungen. Die Textabbildungen finden im Register nur über den „Bildkommentar" Berücksichtigung. Die Einordnung der Umlaute (ä, ö, ü) erfolgt wie: ae, oe und ue. „St." wird wie „Sankt" eingereiht.